Lean Manufacturing

Claves para mejorar el flujo de materiales

Francisco Andrés Asensi

INDICE

1

INTRODUCCION.
Hacer frente a la optimización del flujo de materiales.

El entorno, los métodos de trabajo, los equipos, la organización, las restricciones, la cultura de una empresa parecen haber alcanzado un nivel alto de complejidad. La empresa, con su objetivo simple de vivir y prosperar, debe saber responder a las expectativas del mercado, fabricar los productos que los clientes desean en los plazos y con el nivel de calidad que requieren, por un precio mínimo. Pero la industria tradicional no tiene suficiente capacidad para ello. Sus fábricas están faltas de agilidad y de rapidez de acción,

> **Hay que luchar contra las desventajas para competir:**
>
> **Poca agilidad y poca flexibilidad**

son poco eficaces, derrochan hombres, tiempo, materiales, equipos productivos y locales; no consiguen una producción de calidad.

Para recuperar su competitividad en un universo industrial cada vez más agresivo, las empresas deben luchar contra tales desventajas. Los fenómenos que inducen a tales desventajas y que impiden su funcionamiento eficaz y al mínimo coste son fundamentalmente los siguientes (ver fig. 1.1):

a) **Plazos amplios y stocks elevados**: en una fábrica, la mala organización y el funcionamiento mal dirigido se manifiestan por un nivel de stocks elevado y por unos plazos de fabricación amplios; éstos últimos se ven además respetados con dificultad, lo que deja descontentos a los clientes. Las causas de los plazos demasiado largos son numerosas: falta de piezas, producción efectuada por lotes, cuellos de botella, trayectos de las piezas desmesuradamente largos, averías de la maquinaria, problemas planteados por la calidad. Todas estas dificultades hacen que la planificación de la producción sea bastante compleja.

b) **La falta de piezas**: con mucha frecuencia la fabricación de un pedido se retrasa por la falta, en el montaje, de una pieza a integrar en el producto final. La pieza pueda faltar por retraso de un proveedor o por no haber sido producida a tiempo por un taller de fabricación; en ambos casos hay que interrumpir la fabricación del producto y esperar la pieza. En algunas fábricas el fenómeno se autoalimenta: un pedido que se encuentra en espera de piezas se hace muy urgente y para satisfacerlo se completa con piezas fabricadas para otros clientes, cuyos pedidos se verán a su vez faltos de piezas.

c) **La fabricación por lotes**: un taller de fabricación puede ser responsable del retraso o de la falta de una pieza, dicho taller tiene necesariamente plazos amplios debido a que la producción de cada máquina se efectúa por lotes importantes de piezas idénticas, lo que responde en particular a la duración elevada de los cambios de herramienta. La producción por lotes impide encadenar las operaciones que deben realizar las diferentes máquinas sobre una pieza dada, lo que amplía notablemente los plazos; impide igualmente fabricar de modo urgente una pieza que se eche en falta; es necesario terminar el lote en curso en la máquina, cambiar la herramienta, producir un lote completo de piezas idénticas a la deseada, siendo las restantes piezas del lote almacenadas hasta que el próximo pedido las requiera.

d) *Los cuellos de botella*: no siempre se encuentran armonizadas las respectivas cadencias o el número de máquinas utilizadas en las diferentes etapas de fabricación; de ello resultan cuellos de botella que acrecientan por su parte los plazos y los almacenes.

e) *La longitud de los recorridos*: resulta difícil imaginar los kilómetros efectuados por los materiales y las piezas entre su entrada y su salida de fábrica. Sin embargo, en muchos casos, los planos de conjunto muestran a las Direcciones Generales una disposición lógica, que parece optimizar los recorridos; basta seguir una pieza y dibujar su recorrido sobre un plano detallado de la fábrica para descubrir la realidad. La longitud excesiva de los recorridos es un problema general, que perjudica a los plazos y a la productividad: los efectivos de personal empleados en las tareas de mantenimiento son proporcionales a la longitud de los recorridos. Hace aumentar los almacenes, dado que para cada pieza transportada de un punto A a un punto B de la fábrica existen un almacén A y otro B.

f) *Las averías*: las averías de las máquinas son frecuentes, aumentan los plazos y pueden, en ciertos casos, plantear graves problemas a la producción. Para limitar los riesgos, una práctica corriente es la de fabricar un número de piezas mayor del necesario durante los períodos de buen funcionamiento, con lo que basta luego almacenar tales piezas.

g) *La calidad*: cuando el control final detecta una anomalía, hay que desmontar parcialmente el producto y luego rehacer o volver a pedir la pieza defectuosa; esto puede alargar mucho los plazos, así como aumentar los costes. También en este caso, para atenuar el problema, es frecuente fabricar o adquirir sistemáticamente más piezas de las necesarias.

h) *La complejidad de la gestión de las fábricas*: los almacenes elevados se traducen en amontonamiento en los talleres, desorden, falta de sitio, desorganización y dificultad de gestionar y de localizar las miles de piezas presentes al mismo tiempo en una fábrica. Los riesgos aleatorios, como la falta de piezas, los retrasos, los cuellos de botella, las averías y los defectos, no pueden tenerse en cuenta en la planificación de la producción; de ello proceden los errores, los olvidos, los retrasos, y la falta de nuevas piezas.

i) *RRHH inadecuados*: si en nuestra fábrica empleamos personal no adecuado, y/o que no tiene la formación adecuada, seguro que en algún momento se incurrirá en desperdicios o despilfarros que lastrarán la agilidad y rapidez de acción que el mercado demanda.

Los fenómenos descritos constituyen un conjunto esclarecedor: falta de piezas, fabricación por lotes, cuellos de botella, mala disposición de las actividades y recorridos excesivos, insuficiente fiabilidad de los suministradores respecto a la calidad y los plazos de entrega, averías, desperdicios, amontonamientos, desorden, errores, derroches, falta de productividad y, seguramente, plazos muy amplios y almacenes demasiado cuantiosos, que representan semanas o meses de consumo, contra algunas horas o algunos días en las fábricas japonesas.

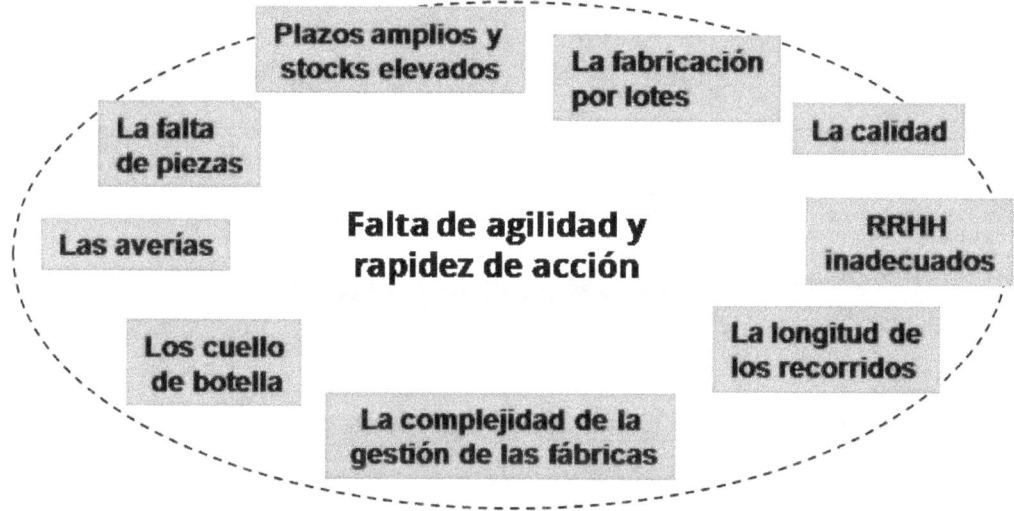

Figura 1.1.- Fenómenos que hacen de una empresa que sea poco ágil y flexible.

Si estas deficiencias se encuentran en la mayoría de las empresas occidentales, no provienen en modo alguno de un retraso tecnológico, aunque no por ello dejan de constituir una desventaja esencial de competitividad, de capacidad para reaccionar rápidamente ante las nuevas restricciones, los nuevos clientes y las exigencias nuevas.

> **En un entorno Lean hay que atacar las causas de las ineficiencias y no a los efectos**

Ante estas desventajas, en un entorno Lean, lo que se intenta es atacar a las causas de los problemas y no a los efectos; eliminar la causa de un problema exige mucho más rigor que acomodarse a sus efectos.

De hecho, la industria occidental no tiene costumbre de luchar contra las causas de los problemas; ante cada dificultad, encuentra siempre un medio que hace soportable el efecto. Dicho medio contribuye sistemáticamente a aumentar los costes. Aunque parece claro que cada una de estas anomalías penaliza a la empresa, parece todavía más difícil luchar contra su conjunto; por ello se debe intervenir en la identificación de las causas reales, y cuya modificación o supresión debería permitir una mejora clara del funcionamiento de la empresa.

Todos estos elementos de ineficacia se pueden resumir en cinco causas fundamentales (fig. 1.2.):

- **La distribución inadecuada de las máquinas y los recorridos demasiado largos,**
- **La duración de los cambios de herramienta,**
- **Las averías,**
- **Los problemas de calidad,**
- **Las dificultades con los suministradores.**

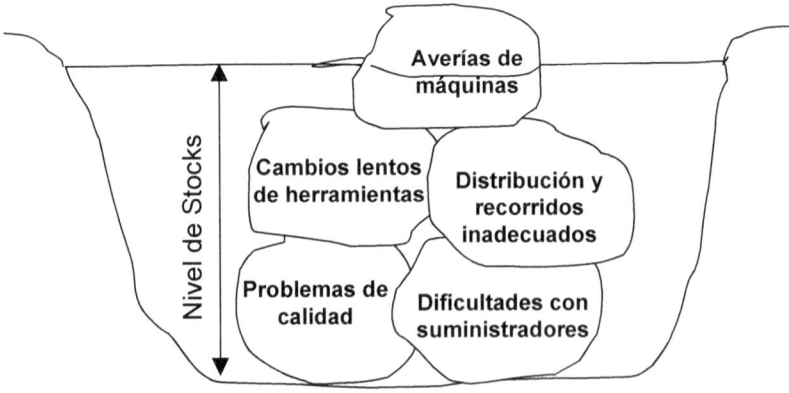

Figura 1.2.- Las principales causas de ineficiencia industrial y de los niveles altos de stocks.

Los recursos humanos tienen un papel importantísimo para poder solucionar todas estas causas, ya sea por emplear al personal adecuado como por dar la formación necesaria para que puedan realizar, de la mejor manera posible, el trabajo que se les asigne.

Otro aspecto a considerar es el de los stocks elevados y los plazos excesivos, que se ven a menudo presentados como el mal absoluto del que hay que librarse, ya que dan origen a aumentos de coste, de derroches, de improductividad y de falta de flexibilidad. Se tiene por ello la tendencia a ver en ellos las causas principales

> **Stocks elevados son consecuencia de otros males.**

de las desventajas de competitividad, pero en realidad son consecuencia de otros males. Los razonamientos contables no muestran los considerables progresos de competitividad que supone una fuerte reducción de los stocks y de los plazos. Estos progresos se deben a las mejoras conseguidas en la flexibilidad de la empresa, en su capacidad de atender a los clientes, en su productividad y en su eficacia.

Las ventajas operativas aportadas por una fuerte reducción de stocks y plazos son:

1. **Incremento de agilidad, mejor seguimiento del mercado**.

   - Capacidad para atender pedidos urgentes.
   - Rapidez de reacción gracias a la reducción de plazos.
   - Mejor respuesta a las expectativas del mercado.
   - Posibilidad de planificar la producción a corto plazo teniendo en cuenta únicamente los pedidos en firme (en lugar de planificar sobre la base de pedidos inciertos).

2. **Mejora de la productividad y reducción de los costes de producción**.

   - Reducción de los almacenes de productos acabados, costosos y rígidos (conseguida gracias a la reducción de los plazos).
   - Suspensión de las tareas relativas a la gestión, manipulación, transporte, vigilancia y protección de los almacenes (riesgos de incendio, robo, corrosión...).

3. **Ganancias de espacio.**

   - Baja de alquileres o posibilidad de utilizar para otras actividades la superficie ganada.
   - Posibilidad de optimizar la implantación de las actividades.
   - Supresión de la necesidad de ocupar más adelante otros edificios por extensión de la actividad.

4. **Mejora de la eficacia.**

   - Mayor visibilidad.
   - Disminución del número de informaciones a tener en cuenta.
   - Mejor circulación de la información.
   - Reducción del número de piezas que faltan.
   - Reducción de los despilfarros.

5. **Disminución de las necesidades de inversión y de cargas de mantenimiento relativas**:

   - a la extensión de los locales,
   - a los equipos de manipulación de almacenes: carretillas

elevadoras, contenedores, paletas, grúas-puente...

- a los equipos de almacenaje(tradicionales o automáticos),
- al sistema informático de gestión de almacenes.

En un mundo empresarial como el actual, donde se están produciendo cambios continuos para satisfacer las diferentes necesidades y en el que hacen falta grandes dosis de innovación y flexibilidad, va tomando importancia la *Logística Prolongada* que se encarga de encadenar, ya no los procesos de un mismo nivel de transformación, sino los diferentes niveles, es decir, las empresas de una industria con las empresas de las industrias de transformación anteriores y posteriores. De esta forma, la actividad de una empresa no comienza con la llegada de materia prima y termina con la entrega del producto, se extiende a través de acuerdos y colaboraciones con su presencia en las tareas de proveedores y clientes. Esta mezcla, esta interconexión, esta pérdida del hábitat propio, esta extensión de espacios empresariales deberá caracterizar el mundo de la organización en un futuro próximo.

En este tipo de ambiente, la calidad total, el just in time, el método kanban, el método de los flujos tensos, el esquema director de los servicios de información, la nueva importancia adquirida por la logística, la nueva técnica del control de gestión que se aplica menos a optimizar la gestión de cada servicio que a su contribución a los servicios que la siguen, todas estas realizaciones tienen el

> **Hay que aumentar la velocidad de respuesta haciendo el funcionamiento de la empresa más transversal y disminuyendo ineficiencias.**

mismo objetivo: hacer transversal el funcionamiento de la empresa para aumentar la velocidad de respuesta, disminuyendo el número de tareas inútiles, desburocratizando el organismo para volverlo vivo, activo, reactivo, impulsor, pasar de una organización por funciones y atribuciones a una organización por misiones y contribuciones.

Una vez alcanzado este punto, es posible hablar del llamado *reticulado* de empresas, que es la nueva forma de organización inter-empresas y de redes interconectadas que caracteriza el 80% del tejido económico japonés. Al lado de las redes cerradas (relación del empresario con sus proveedores), destacan las redes abiertas: son esas cuyo objetivo es más amplio que la simple fabricación del producto, y que tratan de:

- Unificar la información sobre los mercados y las maneras de penetrar en ellos.
- Unificar una estrategia financiera y los medios correspondientes.
- Ponerse de acuerdo para desarrollar nuevos logros de progreso como, por ejemplo, la calidad total.
- Investigar y entrecruzar nuevas tecnologías.

El éxito excepcional de las redes se debe principalmente al hecho de que, abiertas o cerradas, permiten a las empresas enfrentarse a los cuatro grandes retos (la calidad, la innovación, la flexibilidad y el empleo) consiguiendo respuestas más adaptadas que las obtenidas por la empresa en solitario, limitada a sus propios medios para sobrevivir en una competencia más y más despiadada.

2

LA LOGISTICA DE APROVISIONAMIENTO

2.1- INTRODUCCION.

Si se quiere alcanzar altos niveles de productividad y calidad, es imprescindible mantener una adecuada relación con los proveedores. Sin embargo, en estos momentos nos estamos encontrando con compañías que se ven enfrentadas a numerosos problemas del área de compras, entre los que destacan:

a) Insuficientes fuentes alternativas de abastecimiento, surgiendo situaciones de corte de suministros ante problemas internos del proveedor.

b) Defectuosa calidad y alto coste de las mercancías servidas.

c) Falta de aplicación de políticas de fraccionamiento temporal de entregas, consignación, etc., que permitieran una reducción efectiva del volumen de inventarios.

d) Falta de adecuación entre la calidad de mercancías o servicios comprados y la deseada por los departamentos solicitantes.

e) Deficiente soporte de sistemas que permitan gestionar de forma ágil la política de compras y almacenamiento.

Cuando estos problemas no se resuelven adecuadamente, se resiente la relación con los proveedores. El incremento de los costes de compra y de los rechazos por la calidad deficiente, los excesivos tiempos de entrega y niveles de inventario; Las paradas de planta por falta de materiales, las compras urgentes, etc., son algunos de los síntomas que reflejan ese deterioro.

Ante esta situación, la función de logística en una empresa adquiere una trascendencia, tanto estratégica como operativa, de la que hasta ahora carecía. Aparece también la separación entre la Logística Externa y la Interna.

Desde siempre los dos procesos que comprenden la actividad de la empresa son la producción y la distribución; el proceso de aprovisionamiento se veía ligado al sistema productivo, y por tanto, alejado de consideraciones de mercado, y desenvolviéndose preferentemente en el espacio de su propia empresa. En este punto es interesante independizar el proceso de aprovisionamiento, dándole una entidad similar a los procesos de producción y distribución, modificando tanto su contenido como su filosofía. Por lo tanto, la secuencia del proceso productivo, en su totalidad, sería el que se refleja a continuación (fig. 2.1):

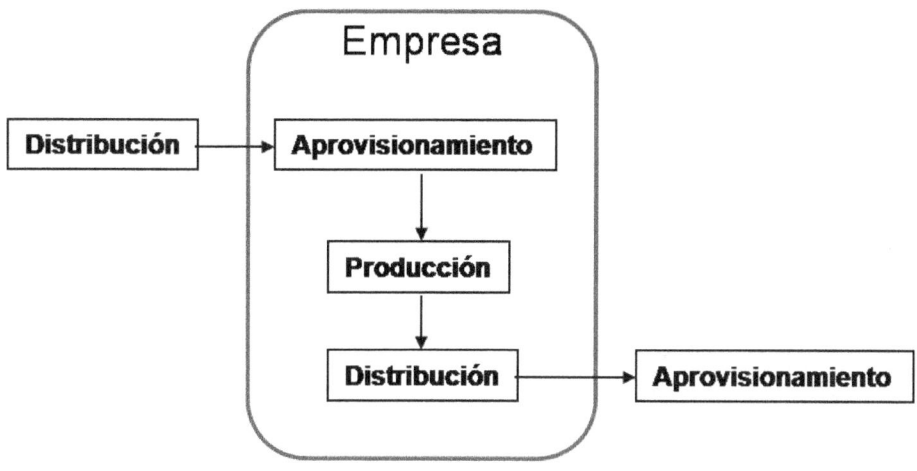

Figura 2.1.- Secuencia del proceso productivo.

Queda así expuesto un verdadero mercado de factores, en que dos fuerzas: proveedores y sección de aprovisionamiento se enfrentan para negociar condiciones óptimas. En un ambiente clásico (push) podríamos hablar de un push de industria, en que las industrias básicas empujan al resto, en función de una planificación sectorial de necesidades. Por el contrario, en un ambiente JIT (pull), las empresas en contacto con el consumidor último arrastran a las anteriores en un intento de calcar su demanda, tirando de ellas (ver fig. 2.2).

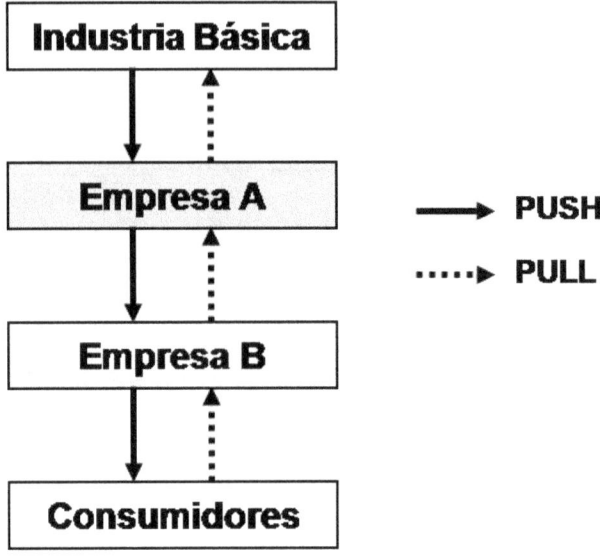

Figura 2.2. Fuerzas productivas intrasectoriales.

En este último ambiente, se podría afirmar que la organización se sitúa en la frontera de un cambio cultural empresarial. De la cultura en que prima el culto al proceso productivo, se camina a otra, en la que el aprovisionamiento aparece como un microproceso secuencial dentro de la empresa, y como un macroproceso que cubre las necesidades últimas, partiendo de las industrias básicas.

2.2.- PROBLEMATICA DE LA RELACION CON PROVEEDORES.

La relación con los proveedores es importante porque amplía el alcance de la reducción de costes y dan mayor impulso a la mejora de la calidad. Por ejemplo, tomar medidas para mejorar la calidad de los componentes de nuestro proveedor reduce las medidas que habrá que tomar cuando nos llegue un lote grande de baja calidad y garantiza que las mejoras en la calidad de los componentes fabricados en la empresa queden secundadas por mejoras comparables de los componentes procedentes de los proveedores externos, con lo cual el producto final será de mejor calidad. Los ahorros pueden ser grandes.

Las investigaciones sugieren que en las empresas occidentales los costes de material constituyen un 51 por 100 de los costes totales, mientras que los costes de mano de obra representan sólo el 15 por 100. El coste de la mano de obra como porcentaje del coste total tiende a disminuir, mientras que los costes de materiales tienden a aumentar.

> **Los costes de mano de obra se reducen mientras que los costes de materiales tienden a aumentar**

Tecnologías como la automatización y la robótica han reducido los costes de mano de obra y muchas empresas están realizando grandes inversiones que los reducirán aún más. En cambio, las empresas están empezando a examinar los aspectos que pueden reducir considerablemente los costes de material.

Muchas veces los departamentos de compras se han contentado con una visión a corto plazo, y su respuesta a los cambios de la demanda, a los rechazos o a la obsolescencia ha consistido básicamente en cursar pedidos urgentes a los proveedores. Las relaciones de una empresa con sus proveedores presentan generalmente las mismas características.

El problema de la frecuencia de las entregas y de la localización de los suministradores se ve además agravado por otros fenómenos: la calidad incierta de los productos entregados, un gran número de fuentes de aprovisionamiento y relaciones tradicionalmente antagónicas. A continuación se detallan estos fenómenos:

a) **La frecuencia insuficiente de las entregas**: Numerosas entregas se ven suministradas una vez al mes, o incluso trimestralmente, por sus proveedores. Resultan de ello niveles de almacén muy elevados para las materias primas y los productos adquiridos. Estos almacenes excesivos deben ser manipulados, gestionados, controlados; originan así numerosas tareas improductivas y gastos importantes. Estos stocks impiden a las empresas cualquier flexibilidad. Son un inconveniente, en efecto, respecto a cualquier modificación notoria del plan de producción que pretenda fabricar antes lo que, de pronto, se vende mucho mejor y detener la producción de lo que ya no se vende.

b) **El alejamiento y la dispersión geográfica de los proveedores**: La frecuencia insuficiente de las entregas se corresponde con la lejanía geográfica de los proveedores, así como con su dispersión. Para amortizar los costes de transporte, resulta necesario efectuar las entregas por camiones completos que circulan entre el proveedor y la empresa. En algunos casos un camión completo contiene un solo producto en una cantidad que supone más de seis meses de consumo para la empresa.

c) **La calidad incierta de los productos entregados**: Las exigencias de calidad expresadas por la empresa a sus proveedores tiene, si existen, el carácter de buenos deseos, sin verse acompañados de ninguna demanda de pruebas del control de calidad de los productos entregados. Cuando se encuentra con algún defecto, la empresa se contenta o bien con corregirlo por sí misma (con lo que perturba su propia producción) o bien con devolver el pedido al proveedor. Al no poder correr el riesgo de trabajar con piezas o productos que podrían ser defectuosos, la empresa se ve obligada a inspeccionar la calidad de los productos que recibe. Es interesante comparar la productividad de las operaciones de recepción entre una empresa occidental tradicional y algunas compañías japonesas (ver figura 2.3).

d) **Un gran número de proveedores y relaciones antagónicas**: El dogma de los servicios de Compras es que hay que tener siempre varios proveedores por cada producto, para hacerlos competir entre sí y obtener mejores precios, al tiempo que se previenen los riesgos de huelga en la empresa de un proveedor. El precio es a menudo el único criterio de elección entre varios proveedores de quienes se sabe que tienen capacidad técnica para fabricar el producto requerido. Se excluyen generalmente todas las demás consideraciones, tales como la calidad, la frecuencia de envíos, los plazos de entrega, la existencia o no de cuantías mínimas a pedir, etc. La empresa tiene por tanto miles de nombres en su fichero de proveedores. El proveedor, por su parte, sabe que no tiene asegurada la fidelidad de la empresa, por lo que puede contar con pedidos regulares que le servirían para optimizar su producción y reducir sus costes. Las relaciones entre la empresa y sus proveedores están, de este modo, gobernadas por relaciones de fuerzas. El principio es la puesta sistemática en situación de concurrencia, la ausencia de fidelidad y de confianza.

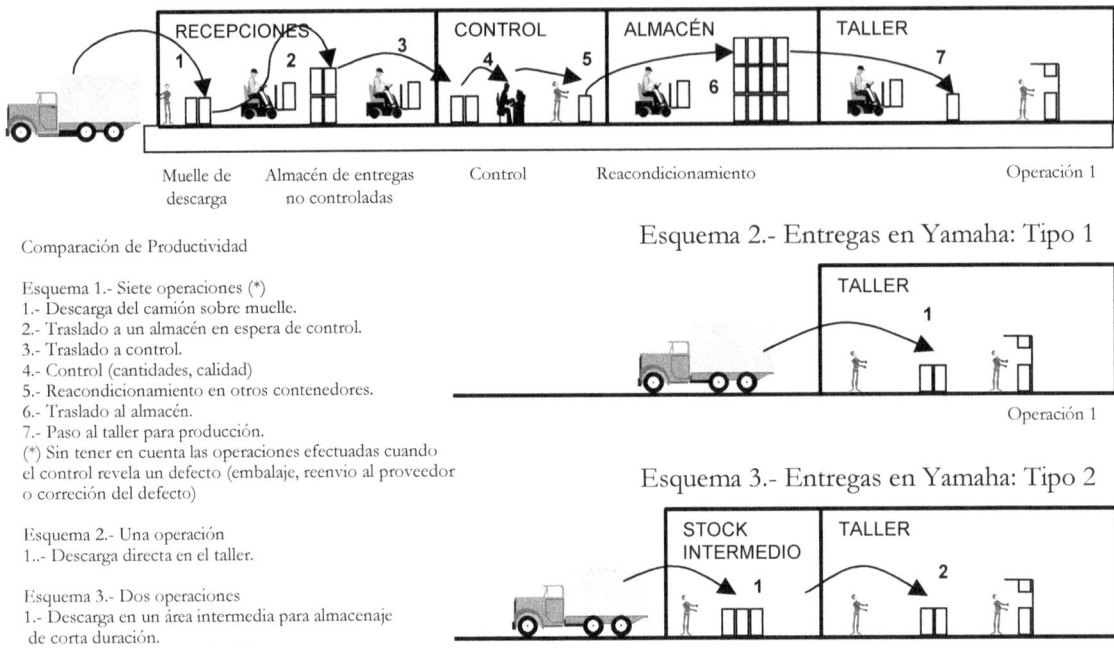

Figura 2.3.- Comparación entre operaciones de recepción a la occidental y japonesa.

Esta situación no es ya compatible con las exigencias actuales de eficacia industrial. La empresa no puede esperar rivalizar con sus competidores internacionales si conserva relaciones antagónicas con los proveedores que le entregan sus pedidos con poca frecuencia, plazos largos y sin garantía de calidad.

2.3.- EL NUEVO ENFOQUE A ADOPTAR.

Con toda evidencia, cuando la empresa explica a su proveedor que él debe ayudar a que su competitividad aumente, sirviendo con mayor frecuencia los pedidos y sin aumentar por ello los precios, se encuentra con una fuerte resistencia. El proveedor deduce de ello que la empresa quiere que sea él quien corra con los stocks y soporte su coste, sin

| Nuevo enfoque: Colaboración con los proveedores |

compensación por ello. Pero, existen sin embargo remedios para hacer frente a esta situación.

Se trata de la reorganización de la actividad de los proveedores, de la reorganización de los transportes, de la noción de cooperación estable y de la disminución del número de proveedores.

2.3.1.- Vínculos con los Proveedores.

Los temores de los proveedores se deben a la falta de información: no saben o no creen que el funcionamiento de sus fábricas pueda ser considerablemente simplificado y gestionado para reducir simultánea-mente los costes y los plazos de producción. Los suministradores deben en consecuencia comprender que la reorganización es de su propio interés, con vistas a servir los pedidos de sus clientes en plazos muy cortos, con frecuencia elevada y en cantidades reducidas.

En el enfoque LEAN, uno de los aspectos de su filosofía es la de elimi-nar despilfarros. En relación con el proveedor, una manera de eliminar despilfarros, en forma de excedentes de existencias, es reducir las cantidades de los pedidos. La reducción de las cantidades de pedidos es un aspecto del LEAN que se aplica a los proveedores, pero hay que realizar algunos cambios para que sea factible:

- Minimizar la burocracia
- Entregas eslabonadas y plataformas de agrupación
- Simplificar la gestión de las existencias

Primero tenemos que simplificar la burocracia para que haya menos papeleo relacionado con los pedidos; si con cada entrega debemos hacer el mismo papeleo, éste aumentará si aumenta la frecuencia de las entregas, pero se puede reducir, por ejemplo, enviando un solo pedido al mes pero programando entregas parciales diarias o semanales del mismo.

Más entregas significan también mayores costes de transporte porque hay que hacer más viajes. Para reducir el coste de enviar volúmenes más pequeños se puede utilizar un sistema eslabonado (ver fig. 2.4.).

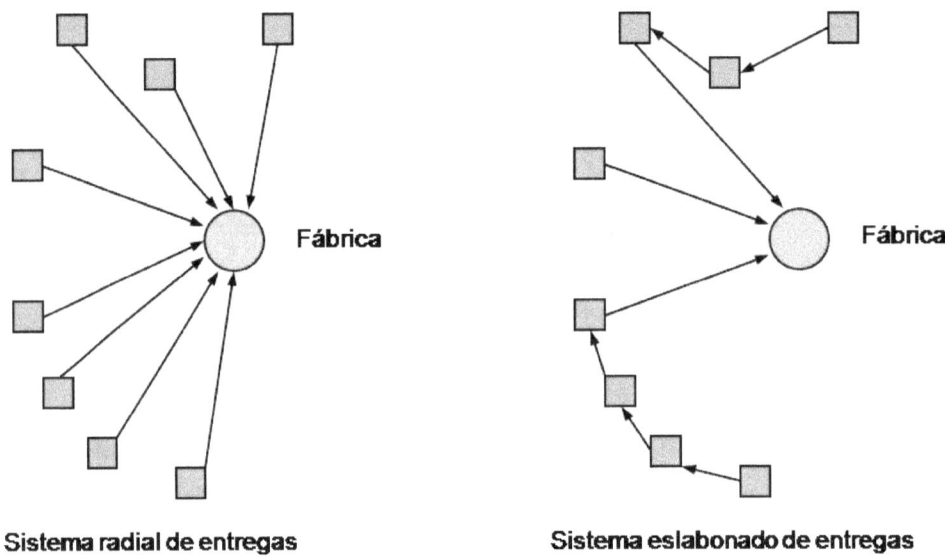

Figura 2.4.- Sistema eslabonado de entregas.

Los proveedores se turnan para hacer las entregas a la fábrica, pasando por otros proveedores en el camino. Para los proveedores de grandes cantidades, se pueden mantener las entregas directas si las cantidades lo justifican. Este sistema eslabonado exige una cierta organización, pero tiene la ventaja de que disminuye el coste de los envíos.

Otra forma de reducir costes y reorganizar los transportes es la formación de Plataformas de Agrupación, que son lugares lejanos de la fábrica donde se depositan los envíos que realizan los proveedores cercanos a esas zonas, y de esta forma realizar consolidación de envíos (ver fig. 2.5).

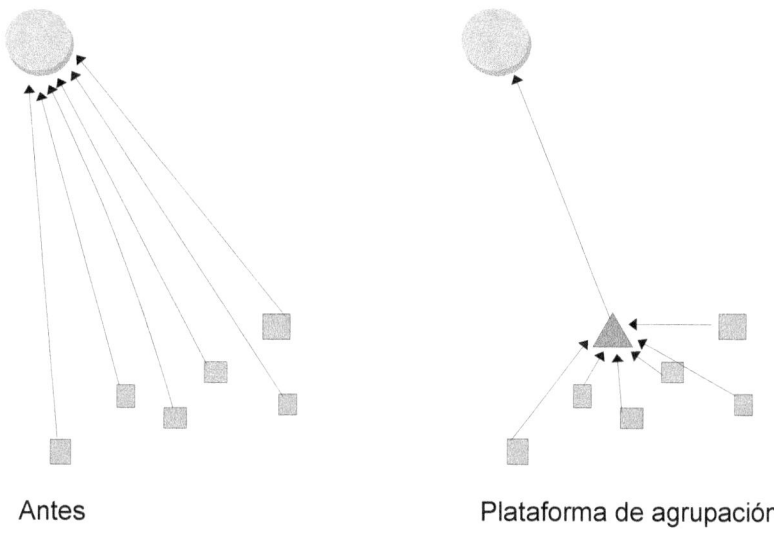

Antes   Plataforma de agrupación

Figura 2.5.- Plataforma de agrupación.

También pueden considerarse los siguientes casos: búsqueda de otras empresas que tengan necesidades de transporte semejantes y soporten una parte de los costes; otros medios de transporte (vehículos más pequeños, subcontratación a empresas cuyos vehículos efectúan, sin carga completa, ciertos trayectos...); ciclo de entregas efectuadas por un vehículo del proveedor a varios clientes; etc.

Hay que reducir la inspección y el inventario de entradas

Hay que indicar que todas estas soluciones se aplican desde hace decenas en los transportes de géneros alimenticios perecederos, tales como frutas o los productos lácteos. La industria debe en adelante considerar que toda materia prima, toda pieza, todo producto, es un *género rápidamente perecedero*, que debe consumirse muy poco tiempo después de haberse fabricado, resultando inaceptable que se almacene o se le haga perder tiempo en el transporte. Cuando los artículos llegan a la planta, hay que simplificar la gestión de las existencias de modo que los artículos lleguen rápidamente a las áreas de producción. Esto significa reducir la inspección y el inventario de entradas.

Estos importantes cambios en el procedimiento quedan compensados por mejoras de la calidad que, por ejemplo, eliminan la necesidad de realizar inspecciones de recepción. La simplificación de la burocracia y de la gestión de las existencias, junto con las entregas en cadena, son algunos de los cambios necesarios para facilitar los vínculos con el proveedor.

Los principales requisitos que deben cumplir los vínculos con los proveedores son:

- Alto nivel de calidad.
- Reducción de las cantidades de los pedidos.
- Más cortos y más fiables tiempos ciclo.

De esta forma, se contribuye a disminuir los niveles de inventario y la incertidumbre respecto al proveedor de los tiempos de ciclo. Si podemos estar seguros de que el proveedor

> *Hay que facilitar los vínculos con los proveedores*

entregará productos de alta calidad a tiempo, podremos reducir nuestro stock de seguridad, junto con la necesidad de inspeccionar los productos que se reciban, y no habrá ninguna interrupción de la producción a causa de artículos de calidad deficiente o de retrasos en las entregas.

Los proveedores se pueden clasificar en varias categorías según los resultados obtenidos en las entregas:

- Puntualidad en las entregas: A, muy buena; B, buena; C, deficiente.
- Calidad de los productos entregados: 1, muy buena; 2, buena; 3, deficiente.

Esto nos da una indicación de su rendimiento en las entregas. Por ejemplo, un proveedor C1 es el que entrega componentes de alta calidad, pero con retraso.   De forma similar, un proveedor A3 es el que entrega a tiempo pero cuyos productos son de calidad dudosa.

Con este esquema de clasificación, muchas empresas inicialmente utilizan el rendimiento existente de los proveedores para clasificarlos. Durante las negociaciones, debe quedar

> **Es importante realizar una evaluación del rendimiento de las entregas**

claro que se espera que un proveedor sea de la categoría A1, pero que con el tiempo las especificaciones de la categoría A1 serán cada vez más estrictas. Es importante observar que se espera que finalmente todos los proveedores sean de la categoría A1 y que permanezcan en esa categoría. Este método es una forma útil de agrupar datos complejos en una forma clara y comprensible.

Los costes asociados a una orden de compra se pueden dividir en seis tipos:

1. Costes de negociación.

2. Pasar de una previsión de pedido a un pedido en firme y papeleo correspondiente.

3. Gastos de reclamación de pedidos.

4. Gastos de contabilización de los productos recibidos.

5. Gastos de inspección de los productos recibidos.

6. Gastos de transporte urgente, gastos de transporte normal.

En un sistema Lean el coste total no se considera fijo, sino que cada elemento se puede considerar uno por uno como parte de la campaña para eliminar despilfarros. Cuando un proveedor cumple las condiciones de la categoría A1, podremos reducir considerablemente el coste de los elementos 2-6. Además, disminuirán también los gastos de negociación. Pero cuando un proveedor se clasifica como A3, sólo se podrán reducir considerablemente los gastos 2, 3 y 6. Si queremos que todos nuestros proveedores pertenezcan a la categoría A1 debemos estar dispuestos a celebrar contratos a largo plazo en un espíritu de cooperación.

Esta cooperación debería incluir un cambio cauteloso y progresivo hacia contratos a largo plazo con un solo proveedor y suministros locales. Al elegir un proveedor, probablemente nos estaremos alejando de un proceso de selección basado exclusivamente en el coste primario para ir acercándonos hacía un proceso basado en el coste total, que incluye el coste de factores como entregas con retraso y lotes rechazados.

Cuando se tienen en cuenta todos los costes, puede resultar que un proveedor que tenga un precio de compra más elevado sea el que proporciona un coste global más bajo, ya que los trastornos y los gastos que ocasionan las entregas con retraso o de mala calidad pueden ser considerables.

Las pequeñas empresas que compran a grandes proveedores pueden encontrarse con graves problemas al intentar mejorar la calidad y la puntualidad de las entregas. En este caso, las opciones son cambiar de proveedor o persuadir a las grandes empresas para que cambien.

2.3.2.- Cooperación y confianza para asegurar la competitividad.

Para poder incitar a sus proveedores a que revisen su organización interna y la de los transportes, la empresa debe ante todo convencerlos de su voluntad de mantener con ellos relaciones comerciales estables. Cada vez son más las empresas que comprenden la necesidad de cambiar el tipo de relación con sus proveedores. El antagonismo

> **El antagonismo entre cliente y proveedor debe sustituirse por cooperación y confianza**

debe dejar sitio a la cooperación y a la confianza. La empresa no debe intentar reducir los beneficios de su proveedor.

Su objetivo debe ser ayudarle a ser más ágil y más competitivo, asegurándole para ello pedidos regulares y felicitándole por los beneficios obtenidos por su proveedor, que le permitirán optimizar su proceso de producción y reducir sus costes.

En contrapartida, podrá prestar mejor servicio, con plazos más cortos, mayor frecuencia de entregas y calidad claramente superior. Ambas partes, proveedor y comprador, tienen que valorar el éxito de los acuerdos

> **Hay que asegurar competitividad, creación de confianza, prevención de fallos y costes generales mínimos en los acuerdos de colaboración**

con relación a los objetivos más importantes, que son asegurar la competitividad, creación de confianza, prevención de fallos y costes generales mínimos.

Para la consecución de estos objetivos el factor decisivo es la colaboración en el sistema de aseguramiento de la calidad, los procedimientos para la cualificación de los nuevos procesos y productos, la comunicación y el reparto de tareas entre ambas partes.

El programa llamado de suministro para stock (Ship-to-stock) representa un caso especial de un acuerdo de calidad. Esta cooperación conduce, gracias a la colaboración entre proveedor y comprador, a una reducción de los costes de aseguramiento de la calidad en el comprador, mejorando al mismo tiempo esa calidad.

Los elementos más importantes de un contrato de cooperación entre cliente y proveedor tratan de la colaboración en los campos de:

- **Calidad.**
- **Costes.**
- **Intercambio de datos.**

Con ello ambas partes persiguen un interés común. Se pretende fomentar la colaboración de plena confianza de forma conveniente a través de los acuerdos parciales. Un caso especial de la

> **Caso colaboración: Ship to stock**

cooperación de calidad lo representa el llamado acuerdo de suministro para stock.

A continuación se explica brevemente la idea, las características y el procedimiento. La idea contiene los siguientes objetivos:

- *se trata de un programa de calidad para el proveedor y el comprador,*
- *las demás condiciones de suministro y de pago no se ven afectadas y continúan siendo válidas,*
- *el comprador tiene que poder reducir los ensayos de entrada tan pronto como se haya creado la correspondiente confianza,*
- *la colaboración estrecha, llena de confianza, conduce a la mejora de la calidad en ambas partes,*
- *en el suministro para stock se tienen que producir cantidades mínimas para desarrollar valores de producción bajos con la experiencia necesaria.*

Las características más importantes de suministro para stock son:

- *el cliente marca sus pedidos,*
- *la mercancía se embala y precinta directamente después del último ensayo final, una vez aceptada la calidad,*
- *posteriormente, sólo el cliente puede abrir la caja, - en cada caja se encuentra una marca,*
- *el productor pone a disposición del comprador información sobre calidad y fiabilidad de las piezas.*

En caso de que ambas partes quieran realizar un proyecto de suministro para stock, de acuerdo con la experiencia, se pasa por tres fases:

    - crear los requisitos previos,

- lograr acuerdos y

- realizar el proyecto.

La fase primera crea las condiciones previas a la colaboración, es decir, la confianza. Para ello se determinan los tipos a suministrar y, en caso necesario, se acuerdan las especificaciones especiales. Es muy importante concertar entre ambas partes los resultados de las mediciones y que se definan los objetivos comunes de calidad. Solo en este momento puede entrarse en la fase segunda, el acuerdo. Este acuerdo contiene puntos tales como las tareas de los participantes, los tipos a suministrar, el nombre de los delegados, las conversaciones sobre las concertaciones y finaliza con la firma de ambas partes.

A continuación pueden empezar los pedidos y suministros STS. En la tercera fase, la realización del proyecto de suministro para stock, se trata de que ambas partes cumplan sus misiones. Estas funciones comprenden:

- *para el suministrador*:

    - Asegurar el proceso.
    - Conseguir datos de calidad y comunicarlos al comprador.
    - Comunicar modificaciones.
    - Análisis de los defectos para poder realizar mejoras continuas.

- *para el comprador*:

    - Extender pedidos claros.
    - Decidir sobre el volumen de los ensayos propios.
    - Enviar inmediatamente al proveedor informes de los fallos.

- Realizar análisis de los defectos del propio proceso de fabricación.

2.3.3.- Varios proveedores o un solo proveedor.

Hasta ahora, normalmente la mayor parte de los grandes fabricantes han comprado sus componentes a varios proveedores. Esto significa que varios proveedores fabrican la misma pieza. Las ventajas son una mayor seguridad de suministro (el fallo de un proveedor no interrumpirá el suministro) y una reducción del coste (al contar con un mayor poder de negociación). Sin embargo, los que consideran que es mejor tener varios proveedores olvidan tres puntos críticos.

En primer lugar, pueden ignorar las economías de escala. Si un proveedor puede suministrar una cantidad mayor, el coste será inferior, ya que gran parte de los gastos fijos seguirán siendo los mismos. En segundo lugar, cada proveedor maneja volúmenes pequeños que si se tratara de un proveedor único, y este volumen puede no ser suficiente para justificar una inversión futura en la mejora de los procesos. En tercer lugar, hay más problemas de gestión al tener que tratar con varios proveedores.

> **En un entorno Lean se resalta la necesidad de una sola fuente de suministro con buenos acuerdos de colaboración**

El enfoque del Lean resalta la necesidad de buscar una sola fuente de suministro. De hecho, subraya continuamente la necesidad de tener un solo proveedor que suministre varias piezas de una familia, aumentando así el volumen por proveedor y reduciendo el número de proveedores. De esta forma, se estimulará al proveedor para que haga la inversión necesaria para mejorar sus procesos de fabricación. Con frecuencia, las grandes empresas que estén implantando el JIT enviarán un equipo de trabajo a los proveedores (especialmente a los proveedores pequeños) para estudiar sus procesos de fabricación y recomendar cambios.

¿Plantea la dependencia de un solo proveedor el problema potencial de la interrupción del suministro? Si se interrumpe el suministro de un proveedor, ¿significa que probablemente tendremos que interrumpir nuestro propio suministro?

La respuesta a estas dos preguntas es un no condicionado, siempre que el trabajo de base se haya realizado correctamente. Significa que hay que crear una buena relación con los proveedores, proporcionándoles asistencia técnica cuando sea necesario y comprobando que los proveedores elegidos sean financieramente sólidos y estén bien

> *Una fuente de suministro = cooperación estable*

dirigidos. Si no es así, habrá que seleccionar otro proveedor. Es extremadamente importante realizar el cambio hacia la fuente de suministro único lentamente y con suma cautela. Obviamente, depender de un proveedor no adecuado puede ser desastroso para el funcionamiento de la empresa. Por lo tanto, la cooperación estable debe acompañarse necesariamente por una reducción muy fuerte del número de proveedores. De una parte, porque la empresa no tiene materialmente tiempo para desarrollar relaciones estrechas con cientos o miles de proveedores. Además, porque no puede proponer, decentemente, relaciones privilegiadas si sus pedidos son episódicos y de cuantía limitada.

La empresa no debe continuar siendo un pequeño cliente entre otros muchos respecto a miles de proveedores, sino convertirse en el gran cliente de algunas decenas de suministradores. Sólo con esta condición puede tener sentido la noción de cooperación estable, de modo que la empresa y sus proveedores puedan constituir un conjunto eficaz, ágil y competitivo.

2.3.4.- Contratos a corto plazo o a largo plazo.

Tradicionalmente, los departamentos de compras han mirado siempre con recelo los contratos a largo plazo. Significa comprometer a la empresa con un proveedor determinado durante un largo periodo de tiempo con muy pocas oportunidades de renegociar o buscar proveedores alternativos. Los compradores siempre han preferido contratos a corto plazo porque les proporciona una mayor flexibilidad y precios más competitivos. Al final de un contrato a corto plazo, se pueden entablar nuevas negociaciones con varios proveedores, y firmar el contrato con el que oferte el precio más bajo.

> **Hay que pasar gradualmente a contratos a largo plazo para aumentar la colaboración, confianza y seguridad**

Desde el punto de vista del proveedor, son preferibles los contratos a largo plazo porque implican menos riesgo. Los contratos a corto plazo pueden ser más costosos porque no ofrecen al proveedor ningún incentivo para invertir en la mejora de los procesos y reducir así los costes.

En un entorno Lean se fomenta los contratos a largo plazo con unos pocos proveedores cuidadosamente seleccionados, por las siguientes razones:

- Más fiabilidad en las entregas.
- Mayores oportunidades de inversión.
- Productos de mejor calidad.
- Menor coste.

Se considera que un contrato a largo plazo es más probable que el proveedor mantenga sus promesas de entrega, frecuentemente a expensas de los contratos a corto plazo con otras empresas. La empresa se convierte en un cliente importante (especialmente si se compra al mismo proveedor una familia de productos) y se satisfarán primero sus necesidades. También se considera que un contrato a largo plazo ofrece al proveedor una mayor sensación de seguridad. Por tanto, conviene que el proveedor realice alguna inversión para facilitar la producción de la familia de productos, invirtiendo en maquinaria, sistemas de control o en la formación de su personal. En alguna parte de este contrato a largo plazo, se especificarán las fechas de entrega y los niveles de calidad.

Antes de aplicar el JIT, cuando los contratos se basaban casi exclusivamente en el precio, había quizá pocos incentivos para que los proveedores mejoraran la calidad de sus productos. Algunos incluso renunciaban a intentar entregar productos de una calidad aceptable. El contrato a largo plazo especifica los niveles de calidad exigidos, y a los proveedores no les queda ninguna duda de la importancia de mantener la calidad de sus productos. Estas inversiones junto con un mayor volumen de producción para cada proveedor llevan a una reducción de los costes, una parte de la cual beneficia al proveedor y otra parte al comprador.

Sin embargo, al implantar el JIT es aconsejable no ponerse inmediatamente a firmar contratos a largo plazo. Una de las razones por las que el vínculo proveedor/cliente se encuentre en la última fase de la implantación de un sistema JIT, es que se tarda tiempo en identificar a los proveedores adecuados y establecer un buena relación con ellos. No se puede pasar de la noche a la mañana de mantener una relación tradicional, a veces antagónica, con los proveedores, al entorno ideal de confianza y cooperación. El objetivo debe ser un cambio gradual hacia contratos a largo plazo. Cualquier jefe de compras que de la noche a la mañana firme contratos a largo plazo, para un gran volumen y con un solo proveedor está poniendo en peligro el futuro de la empresa y de su propia carrera. Este tipo de contratos sólo se pueden firmar tras un prolongado período de reflexión y análisis.

Las empresas que han aplicado el enfoque JIT satisfactoriamente con proveedores han ido ampliando gradualmente la duración del contrato y poco a poco han consolidado una red de proveedores únicos.

2.3.5.- Proveedores locales o lejanos.

El hecho de que los costes de transporte suban mucho más rápido que otros costes es un argumento cada vez más poderoso en favor de los proveedores locales. Además, los largos tiempos de ciclo asociados a los proveedores lejanos reducen la flexibilidad. Cada día que se añade al plaza de fabricación debido al transporte amplía el horizonte de planificación. Por ejemplo, si el plazo de fabricación para las unidades de disco de un microordenador es de una semana y el plazo de transporte es de cinco

> **Es preferible tener proveedores cercanos para potenciar la flexibilidad**

semanas, el proveedor de unidades de disco deberá saber con seis semanas de antelación cuántas unidades de disco se necesita; mientras que si el transporte se puede realizar en unas pocas horas, sólo habrá que notificar al proveedor con una semana de antelación, lo que puede reducir considerablemente los problemas y la incertidumbre. Por tanto, los proveedores pueden eliminar los despilfarros por inventario asociado al plazo de entrega y disminuir el riesgo de entregar grandes cantidades de productos defectuosos. Además, el riesgo y la incertidumbre asociados a los tiempos ciclo largos también disminuyen, con lo que el sistema es más flexible a un coste más bajo.

2.3.6.- Implantación de los vínculos con los Proveedores.

El trabajo necesario para cambiar las relaciones con los proveedores es considerable. Hay que reducir el número, revisar su organización, reorganizar los transportes, establecer relaciones de cooperación estable. Tales tareas no pueden asumirse sino por un equipo pluridisciplinar constituido al nivel de la Dirección General. Esta última es la única capaz de convencer a los suministradores de la voluntad de la empresa de comprometerse en un programa de reorganización y en el establecimiento de relaciones de cooperación.

La puesta en práctica consiste en organizar jornadas de proveedores, efectuar una selección y luego en colaborar estrechamente con las empresas seleccionadas.

2.3.6.1.- **Las jornadas de proveedores**.-

Ir a visitar uno a uno a cada uno de los proveedores de la empresa sería tan trabajoso como ineficaz. La proclamación pública de los nuevos objetivos del entorno Lean que la empresa se fija deja más huella en los espíritus que el mismo mensaje expuesto de forma confidencial. La credibilidad del compromiso de la empresa es claramente superior.

Algunas sociedades han organizado por ello "jornadas de proveedores", en el curso de las cuales la Dirección General se dirige a los presidentes y a los directores generales de las compañías proveedoras. Estas reuniones permiten a los suministradores conocer mejor la empresa, sus objetivos de mercado y de competitividad, sus restricciones. Conocen lo que la empresa esperará de ellos en el futuro en cuanto a fiabilidad, rapidez, flexibilidad y calidad. En los Estados Unidos, estas jornadas ("vendor days") se convocan por las empresas cada vez con mayor frecuencia; por el contrario en Europa este fenómeno aún es algo raro.

2.3.6.2.- **La selección de los proveedores**.-

Seleccionar entre los cinco o diez proveedores tradicionales de un producto aquél en que la empresa va a apoyarse para ser competitiva, es una elección delicada. Requiere juicio y capacidad de anticipación sobre el comportamiento futuro del proveedor, en condiciones comerciales muy diferentes de las anteriores.

Hay que tener en cuenta varios criterios:

Criterios tradicionales:

- Capacidad para producir, en la cantidad deseada, el producto solicitado por la empresa.

- Precio.
- Calidad.

Nuevos criterios:

- Interés mostrado por el suministrador respecto a la idea de colaboración.
- Proximidad geográfica.
- Flexibilidad de su equipo industrial, capacidad para entregar pequeñas cantidades en plazos cortos.
- Utilización de técnicas eficaces de control de calidad.
- Conformidad en transmitir a la empresa datos sobre el control estadístico de los productos que le son entregados.
- Conformidad en permitir que la empresa examine el equipo industrial y los procedimientos de control de calidad.
- Voluntad de mejorar la productividad, la calidad y la fiabilidad.

Hay que subrayar no obstante la importancia de que el proveedor se comprometa respecto a la calidad, sin la que la empresa no podría ser eficaz ni gestionar su propia calidad. A este respecto, resultan totalmente insuficientes los buenos deseos o los compromisos informales de un proveedor de entregar productos de calidad o de calidad garantizada. La empresa debe poder verificar la seriedad del control de calidad y tener acceso a las estadísticas de control. Anotar que los criterios antes descritos muestran claramente que la selección de los suministradores no puede depender únicamente de la competencia de las direcciones o de los servicios de compras tradicionales, sino que concierne igualmente a los responsables de producción.

Un esquema de detalles para la selección de proveedores y las Actividades para el establecimiento de un contrato comercial con el proveedor podrían ser los siguientes:

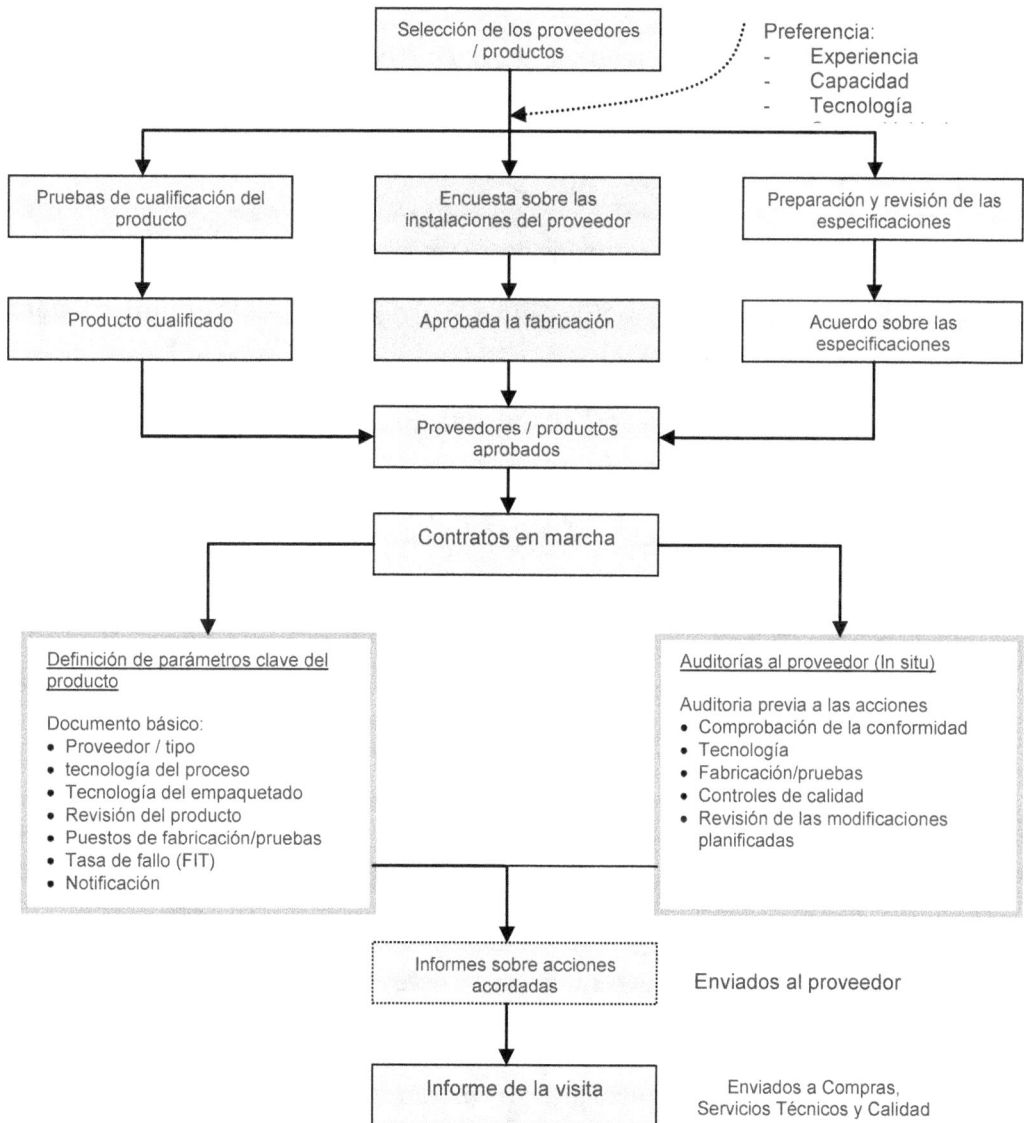

También hay que indicar que la encuesta del proveedor y el programa de auditorías aseguran lo siguiente:

- *Apreciación de primera mano para constatar que el proveedor puede producir de forma controlada y suministrar sus productos.*
- *Fiabilidad asegurada por una sólida tecnología.*
- *Notificación anticipada sobre las modificaciones previstas del producto y en el momento de su real introducción.*
- *Capacidad de reaccionar adecuadamente ante cualquier suceso natural o no.*

Los programas de auditorías también se consideran una herramienta de valor incalculable para soportar los programas de Suministro para Stock para los que debe tenerse absoluta confianza en el proveedor, evitando la clásica verificación de entrada. Este programa de auditorías de calidad no es solo un medio de aseguramiento de la misma, sino que ayuda también a construir una estrecha relación entre cliente y proveedor.

2.3.6.3.- **La cooperación con los proveedores seleccionados**.

Los proveedores seleccionados aceptan ayudar a la empresa a ser más competitiva mediante entregas de calidad cierta y de frecuencia creciente. En contrapartida, la empresa informa a sus proveedores de sus objetivos de venta y de sus imperativos de plazos y de calidad. Asegura pedidos regulares, lo que permite a los suministradores planificar mejor su producción, optimizarla y reducir sus costes. La cooperación alcanza su madurez cuando los hombres de producción de ambas empresas intercambien informaciones técnicas, se visiten para comprender mejor las limitaciones de la otra parte y ayudarle a hacerlas frente. En ciertas compañías hay personas específicamente encargadas de asistir a los proveedores en la puesta en práctica de las medidas de simplificación y de gestión de su aparato productivo.

3

LA LOGISTICA DE PRODUCCION

3.1.- INTRODUCCION.

La Logística interna aborda los problemas del flujo de producción, desde que se realizan las entradas de recursos a la empresa, hasta su salida como producto terminado. Ahora interesa centrar la atención sobre la comprensión de su esencia y filosofía a efectos de plantear, correcta e integralmente, el problema de su optimización.

Mientras la logística externa constituye procesos de macroaprovisionamiento interempresas, la interna se circunscribe al ámbito interno conformando procesos de microaprovisionamiento interoperaciones. Como puede comprobarse, en el ambiente LEAN la filosofía es que una fase debe aprovisionarse en la anterior (sistema PULL), en función de los requerimientos de aquella. Aparece así el proceso interno, como una sucesión de procesos de aprovisionamiento-producción-distribución.

> **Logística Interna aparece como una sucesión de procesos de aprovisionamiento - producción - distribución**

Aunque estas reflexiones parecen llevar a una amplia similitud entre ambas logísticas, existe una consideración inmediata que nos hace desistir de ello. Los procesos descritos dentro de la planta poseen parámetros espacio-temporales específicos, y la toma de decisiones es unidireccional (las negociaciones y acuerdos entre fuerzas discrepantes son coordinadas desde la cúpula). Estos aspectos difieren de los que se encuentra la empresa en el contacto con su medio (clientes, proveedores y empresas competidoras).

En la introducción del presente trabajo, ya se indicó que las cinco desventajas de las empresas eran:

- *malas implantaciones,*
- *cambios lentos de herramientas,*
- *fiabilidad insuficiente de los equipos,*
- *falta de calidad suficiente,*
- *limitaciones debidas a los proveedores.*

En el apartado segundo se desarrolló la desventaja de las dificultades con los proveedores, por lo tanto en este tercer apartado se intentará estudiar los cuatro problemas restantes.

3.2.- SIMPLICIDAD.

Uno de los objetivos del LEAN es buscar soluciones simples. Los enfoques de la gestión de la fabricación que estaban de moda durante los años setenta y principios de los ochenta se basaban en la premisa de que la complejidad era inevitable. Y a primera vista parece cierto: un fabricante

El enfoque Lean trata de buscar la simplicidad para conseguir una gestión más eficaz

típico por lotes puede tener varios centenares de lotes simultáneamente en los diferentes procesos. Probablemente cada lote implica una cantidad determinada de operaciones independientes y seguramente deberá pasar por la mayor parte de los departamentos de la fábrica.

Gestionar un sistema de este tipo es extremadamente complejo; las interacciones entre los distintos trabajos, así como la necesidad de otros recursos, suelen agobiar a la mayoría de los directivos. El LEAN pone mucho énfasis en la búsqueda de la simplicidad, basándose en el hecho de que es muy probable que los enfoques simples conlleven una gestión más eficaz.

El primer tramo del camino hacia la simplicidad cubre dos zonas:

1. Flujo de material.
2. Control.

Un enfoque simple respecto al flujo de material es eliminar las rutas complejas y buscar líneas de flujo más directas, si es posible unidireccionales. La mayoría de las plantas que fabrican basándose en lotes están organizadas según lo que podríamos denominar una disposición por procesos (ver fig. 3.1). La mayor parte de los artículos elaborados en esta fábrica seguirían una ruta tortuosa pasando, por ejemplo, del corte de materias primas a los tornos, luego al mandrinado, a la soldadura, al laminado, al tratamiento térmico, al rectificado y al taller de pintura.

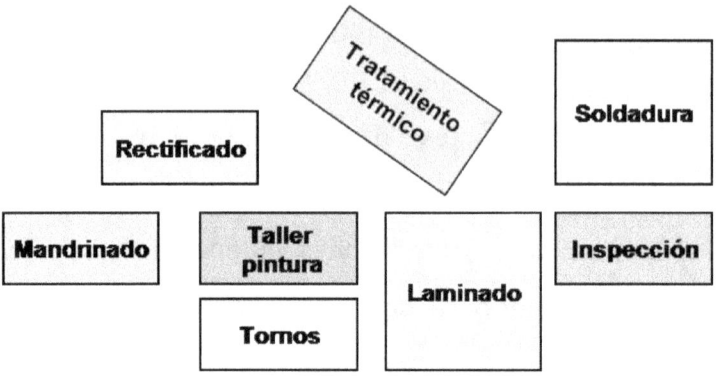

Figura 3.1.- Una disposición típica por procesos

Normalmente cada proceso implica una considerable cantidad de tiempo de espera que se añade al tiempo que se invierte en el transporte de los artículos de un proceso a otro. Las consecuencias son bien conocidas: una gran cantidad de productos en curso y plazos de fabricación largos. Los problemas que conlleva intentar planificar y controlar una fábrica de este tipo son enormes, y los síntomas típicos son que los artículos retrasados pasan a toda prisa por la fábrica mientras otros, que ya no se necesitan inmediatamente a causa de la cancelación de un pedido o un cambio en las previsiones, se paran y quedan estancados en la fábrica.

Estos síntomas tienen muy poco que ver con la eficacia de la gestión. No importa lo bueno que sea un director, tendrá problemas para controlar un sistema de este tipo. También podemos intentar enfrentarnos con el problema, por ejemplo, instalando un sistema de control por ordenador en la fábrica; si la fábrica sigue siendo tremendamente compleja, los beneficios obtenidos serán probablemente marginales.

La filosofía de la simplicidad del LEAN examina la fábrica compleja y empieza partiendo de la base de que se puede conseguir muy poco colocando un control complejo encima de una fábrica compleja. En vez de ello, el LEAN pone énfasis en la necesidad de simplificar la complejidad de la fábrica y adoptar un sistema simple de controles.

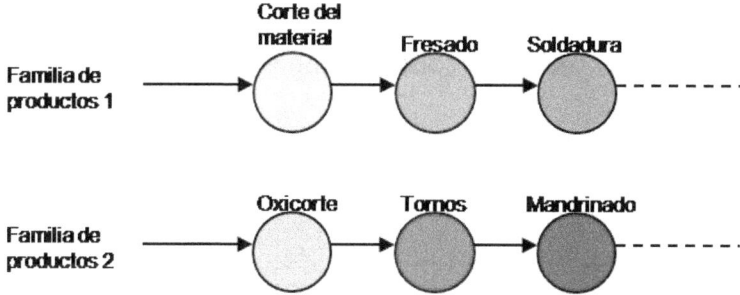

Figura 3.2.- Disposición de productos utilizando líneas de flujo.

El método principal para conseguir un flujo simple de material en la fábrica consiste en agrupar los productos en familias, utilizando las ideas de la tecnología de grupos y reorganizar los procesos de modo que cada familia de productos se fabrique en una línea de flujo (ver fig. 3.2). De esta forma, los elementos de cada familia de productos pueden pasar de un proceso a otro más fácilmente, ya que los procesos están situados de forma adyacente.

> **En el enfoque Lean la simplicidad aplica tanto al flujo de artículos como al control de la línea de flujo**

Probablemente se reducirá así la cantidad de productos en curso y el plazo de fabricación. Con estas pequeñas líneas de flujo ya colocadas, surgen también otras ventajas. Por ejemplo, la gestión resulta mucho fácil que en el caso de la disposición por procesos, ya que cada línea de flujo es, en gran parte, independiente. Puede haber un subjefe responsable de cada línea de flujo. Además, la calidad tenderá a mejorar; dado que ha disminui-do el pánico porque hay menos pedidos urgentes, se puede pasar más tiempo solucionando los problemas de calidad.

La filosofía de simplicidad del LEAN, además de aplicarse al flujo de artículos, también se aplica al control de estas líneas de flujo. En vez de utilizar un control complejo (como en las líneas del MRP y OPT), el Lean/JIT pone énfasis en un control simple. Un ejemplo es el sistema de arrastre/Kanban.

Los sistemas MRP y OPT son sistemas que empujan en el sentido de que planifican lo que hay que fabricar, que luego se empuja a través de la fábrica. Se supone que los cuellos

> **Control simple con empleo del sistema de arrastre/Kanban**

de botella y otros problemas se detectan de antemano y se instalan unos complejos sistemas de control para informar de los cambios para que puedan tomarse las medidas correctoras. En cambio, el enfoque LEAN que utiliza el sistema de arrastre/Kanban elimina el conjunto complejo de flujo de datos, ya que es esencialmente, en su forma original, un sistema manual. Cuando finalice el trabajo de la última operación, se envía una señal a la operación anterior para comunicarle que debe fabricar más artículos; cuando este proceso se queda sin trabajo, a su vez, envía la señal a su predecesor, etc. Este proceso sigue retrocediendo toda la línea de flujo como se muestra en la figura 3.3. De esta forma, se arrastra el trabajo a través de la fábrica.

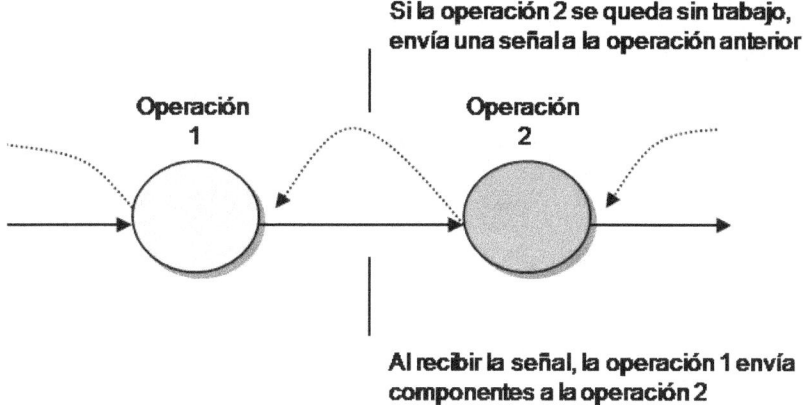

Figura 3.3.- Funcionamiento de un sistema de arrastre.

Si no se saca trabajo de la operación final no se envían señales a las operaciones precedentes y por tanto no trabajan. Esta es la principal diferencia con respecto a los enfoques anteriores de control de materiales. Si disminuye la demanda, el personal y la maquinaria no producen artículos.

> **Sistema tradicional tiene como prioridad mantener a las máquinas y al personal siempre activos**

Los defensores del LEAN sugieren que realicen otras tareas como limpiar la maquinaria, hacer ajustes y comprobar si requieren mantenimiento, etc. Con los enfoques más tradicionales, la mayor parte de los directivos son menos propensos a dejar que el personal y la maquinaria permanezcan inactivos. Se programará trabajo incluso aunque no se necesite en un futuro próximo. Demasiadas veces no se necesita nunca porque el producto se ha convertido en obsoleto y los productos acabados deben desecharse. De hecho, el enfoque tradicional considera que la principal prioridad era mantener a las máquinas y al personal en activo, incluso a costa de fabricar artículos que solo contribuirían a aumentar unas existencias ya infladas e incrementar el porcentaje de desecho.

El enfoque LEAN, basándose en el uso de los sistemas tipo arrastre, asegura que la producción no exceda de las necesidades inmediatas, reduciendo así el producto en curso y los niveles de existencias, al mismo tiempo que disminuye los plazos de fabricación. Y el tiempo que de otra forma sería improductivo se invierte en eliminar las fuentes de futuros problemas mediante un programa de

> **El enfoque Lean asegura que la producción no exceda de las necesidades inmediatas**

mantenimiento preventivo. Conseguir un entorno correcto para que esto ocurra exige un programa global de educación, formación y comunicación. La evidencia de los fabricantes occidentales que han llevado a cabo un programa de este tipo muestra resultados alentadores en la reducción de los plazos de fabricación y los períodos improductivos de la maquinaria. Además, aumenta considerablemente la moral.

Las principales ventajas que se pueden obtener del uso de los sistemas Lean tipo arrastre/Kanban son las siguientes:

- *Reducción de la cantidad de productos en curso.*
- *Reducción de los niveles de existencias.*
- *Reducción de los plazos de fabricación.*
- *Reducción gradual de la cantidad de productos en curso.*
- *Identificación de las zonas que crean cuellos de botella.*
- *Identificación de los problemas de calidad.*
- *Gestión más simple.*

Una de las ventajas principales de los sistemas arrastre/Kanban es que simplifican la gestión del sistema de fabricación. Antes un directivo tenía que intentar controlar y coordinar todo un sistema de fabricación con una disposición por procesos. Hay que admitir que el directivo tenía a su disposición toda la sofisticada y enormemente compleja información elaborada por un ordenador central de planificación, pero esto también planteaba sus propios problemas. En cambio, los sistemas de arrastre

> **El sistema de arrastre/Kanban simplifica la gestión del sistema de fabricación**

funcionan por sí solos y su necesidad de un complejo control por ordenador es mucho menor. El flujo de trabajo lo determinan las limitaciones del sistema y no lo que sale de un ordenador. Si, por ejemplo, se crea un cuello de botella en una zona. También disminuirá la actividad de los procesos anteriores para evitar que se acumule el trabajo antes del cuello de botella.

Las mejoras asociadas con un sistema de arrastre aparecen de forma gradual. Parece que funciona mejor si el sistema se aplica primero con colas bastante largas frente a cada proceso y el nivel de productos en curso disminuye lentamente para reducir los plazos de fabricación. Probablemente las mejoras serán lentas, pero también serán continuas.

Muchas veces se piensa que los sistemas de arrastre/Kanban sólo se pueden utilizar cuando hay poca variedad de productos y poca variación de la demanda. Sin embargo, muchas empresas están utilizando estos sistemas cuando no existen estas condiciones.

3.3.- FLEXIBILIDAD.

La automatización de los medios de producción no es un fenómeno nuevo. Ha empezado a desarrollarse desde el principio de los años sesenta en las industrias de gran serie. Estas últimas están equipadas con máquinas especializadas automáticas, así como con conjuntos automatizados de máquinas, capaces de efectuar sucesivamente las operaciones de producción relativas a una misma pieza, conjuntos automatizados que se denominan líneas de transferencia. La necesidad de flexibilidad no es ni mucho menos novedosa, al menos para las industrias de pequeña o mediana serie.

Desde comienzos de los años sesenta, han empezado a adquirir máquinas de mando numérico que permiten, dentro de ciertos límites, cambiar con rapidez el tipo de trabajo

> **Actualmente el cliente quiere una mayor personalización de sus productos**

efectuado no teniendo sino que reemplazar una banda magnética. Las máquinas de mando numérico suponen una flexibilidad muy superior a la de las máquinas automáticas tradicionales que, sin embargo, llevan ventaja en el plano de los volúmenes de producción. La evolución de los mercados, el incremento de la competición han obligado a los industriales a personalizar cada vez más sus productos, presentando numerosas variedades alrededor de un mismo modelo básico y reducir la duración de la vida de los productos. Esta tendencia, que llegó a ser importante hacia mediados de los años setenta, ha llevado consigo la falta de adaptación de las soluciones anteriores.

Las industrias de gran serie se han convertido progresivamente en industrias de gran volumen, pero de serie pequeña. Las máquinas o las líneas especializadas no podían por ello ser la única solución: estos equipos presentaban el doble inconveniente de ser muy rígidos y de hacerse inutilizables en el momento en que se detenía la fabricación del producto. En cuanto a los fabricantes de pequeña y mediana serie, se han encontrado con frecuencia expuestos a la competencia de empresas que realizan el mismo tipo de productos en gran serie.

La flexibilidad de las máquinas de mando numérico se ha mostrado incapaz de compensar los precios de coste elevados debidos a la insuficiencia de sus volúmenes de producción. De modo que pequeñas, medianas y grandes empresas tienen en adelante una necesidad común: la flexibilidad. Deben poder producir pequeñas cantidades a bajo coste.

> **Necesidad de crear células o talleres flexibles para conseguir flexibilidad y productividad**

Se trata, en definitiva, de ser flexible al tiempo que productivos. Pero este problema es muy delicado, porque flexibilidad y productividad tienen tendencia a ser antagónicas. La necesidad de resolver este problema ha conducido a la creación de células o talleres flexibles. La lógica de tales sistemas es la siguiente:

- la flexibilidad ha llegado a hacerse posible gracias a máquinas de producción polivalentes;

- la productividad es muy elevada gracias a la automatización y a la integración completa del conjunto de las tareas de producción, de logística, de gestión y de control.

Las máquinas de producción y sus cargadores de herramientas se encuentran automatizadas e igual sucede con el almacenaje, el transporte de piezas, la alimentación y la evacuación de piezas para las máquinas, así como con la ordenación de la producción, su conducción, su seguimiento o incluso la gestión de los almacenes y de los recorridos. La coordinación global de todas estas operaciones automatizadas se realiza por un sistema informático jerarquizado. Al permitir de modo simultáneo versatilidad de utilización y productividad, los sistemas flexibles presentan numerosas ventajas:

- Respuesta rápida a las variaciones del mercado:

  * *variedades de producto,*
  * *cantidades a producir,*
  * *modificaciones del producto.*

- Reducción de los costes de producción:

  * *disminución de plazos,*
  * *disminución de almacenes y de productos en curso,*
  * *reducción de la mano de obra directa,*
  * *reducción de costes indirectos,*
  * *mejor utilización de los equipos básicos,*
  * *mejor control de la producción.*

- Mejora de la calidad:

  * *reducción de los rechazos,*
  * *disminución de retoques,*
  * *calidad constante.*

Se considera con frecuencia como el único medio con el que los industriales de pequeña y mediana serie puedan permanecer competitivos y no encuentren desventajas por ausencia de economías de escala. Se ve igualmente en ellos la solución a la disminución del tamaño de las series que afecta a las grandes empresas. Nada permite afirmar que los sistemas flexibles no alcanzarán, tarde o temprano, sus objetivos. Buen número de ellos logran de hecho realizar hoy una producción cuya cantidad y calidad son superiores a las de los viejos talleres que han reemplazado.

Ciertamente, tras una serie de años de desarrollo y utilización, no responden todavía a la totalidad de las esperanzas que han suscitado. Son, generalmente, muy poco flexibles; raramente consiguen los volúmenes de producción para los que están concebidos; su rentabilidad parece dudosa. De modo que, hoy por hoy, los sistemas flexibles no siempre pueden producir pequeñas cantidades a bajo coste. Parecen encontrarse todavía en la fase de las pequeñas cantidades a coste elevado. No obstante, los progresos futuros en este ámbito son seguramente muy numerosos.

Los fabricantes de sistemas flexibles ofrecerán, sin duda, algún día, equipos capaces de realizar pequeñas cantidades a bajo coste. Es posible que deban, para ello, adaptar de algún modo la lógica actual de los sistemas flexibles. Parece lógico pensar que la flexibilidad al menor coste se obtiene con máquinas polivalentes y una automatización integral de las tareas productivas e indirectas, garantizando la automatización de una máxima productividad. Esta lógica no debe olvidar los principios siguientes:

1. *Automatización no es sinónimo de mejora de la productividad total. Reemplazar una tarea humana por un sistema globalmente más costoso no es una mejora.*

2. La automatización de una tarea que no crea valor añadido es mucho menos eficaz que su supresión.

3. La automatización costosa de una tarea que no crea valor añadido no permite una competitividad duradera. Siempre habrá un competidor capaz de suprimir esta tarea o automatizarla a bajo coste.

4. La máxima competitividad se obtiene necesariamente con procesos productivos de mínimo coste global. Con las altas tecnologías, un coste bajo requiere una escasa complejidad.

5. La eficacia de los sistemas de tecnología avanzada necesita la simplicidad.

Para conseguir la flexibilidad pueden considerarse dos vías. La primera consiste en utilizar *máquinas polivalentes*, adaptadas para un *cambio rápido de herramientas*. Estas máquinas deben explotarse y mantenerse con rigor; no debe aplicarse el sistema de producción por lotes. Cuando sean necesarias varias máquinas, deberán agruparse en una distribución que optimice los plazos e impida los almacenes intermedios. La segunda solución, ampliamente utilizada en Japón, consiste en *crear varias líneas de fabricación de bajo coste*. En lugar de instalar un proceso único, complicado y costoso para realizar -por ejemplo- tres productos diferentes, se trata de crear tres procesos, cada uno de ellos focalizado sobre uno de los productos. Cada proceso puede así dimensionarse en función de los volúmenes de producción normales del producto correspondiente. Cuando no es necesario un producto se detiene el proceso. La flexibilidad, en este caso, se sitúa esencialmente a nivel del personal, que es lo bastante polivalente como para pasar de un proceso a otro. Una de las ventajas de esta focalización es que puede ser posible fabricar simultáneamente los tres productos cuando el mercado lo reclame. Un proceso productivo bien organizado y de bajo coste parece así pues ser una excelente respuesta a las necesidades de flexibilidad.

3.4.- AUTOMATIZACION Y ELEMENTOS APORTADOS.

En la Logística de Producción, en una fabricación flexible, se desarrollan las siguientes funciones para todo tipo de materiales, piezas, herramientas y elementos de fijación:

- *Almacenamiento general y a pie de máquina.*
- *Transporte entre almacenes y máquinas y entre éstas.*
- *Manipulación de carga y descarga.*
- *Identificación de los materiales.*
- *Control de cantidad, ubicación y estado.*

Todas estas funciones son desarrolladas de forma automática y flexible, es decir, sin precisar de intervención humana para trabajos de preparación o adaptación a cambios de materiales o programas de fabricación. La complejidad y sofisticación de estas instalaciones depende en gran manera de la variedad y estandarización del producto, características del proceso, métodos y equipos de producción.

El grado de automatización y flexibilidad alcanzado en diferentes industrias es muy variable, pero hoy por hoy se considera que la total automatización, si bien técnicamente posible, no es industrialmente alcanzable ni aconsejable del punto de vista de la rentabilidad. Los elevados costes de hard y de soft, la necesidad de personal formado y experimentado, los cambios de organización, estructura y mentalidad que todo ello representa, el propio estado de desarrollo de las nuevas tecnologías, condicionan una implantación paso a paso, cimentando las aplicaciones planteadas antes de introducir otras nuevas.

Los elementos utilizados para manipulación y transporte son en general distintos para el tipo de trabajo a desarrollar y por el servicio simultáneo a varias máquinas. Los aparatos de manutención acostumbran a ser fijos, dando servicio a una máquina o un grupo de máquinas. Los elementos de transporte son fijos si puede establecerse una secuencia constante de operaciones: el caso de células flexibles. Las líneas flexibles, que exigen una alimentación de máquinas en secuencias variables, optan en general por transportes móviles. La coordinación de manipuladores, elementos de transporte y regulación del tráfico éste a cargo de un sistema de control informatizado y en general distribuido.

3.4.1.-Los almacenes.

Desde el apilamiento en bloques en el suelo o en estanterías, hasta los almacenes móviles de alta densidad, se ofrece toda una gama de soluciones para almacenaje, partiendo de la manual hasta la más automatizada. Sola la rentabilidad económica, como medidor de la eficiencia global del sistema, puede indicar la solución óptima en cada caso. Para grandes volúmenes de carga estable, el método más compacto y barato es el apilamiento en bloques en el suelo. Aunque presenta los siguientes inconvenientes:

 * *permitir sólo un rango de mercancías pequeño, al no haber acceso a*

la carga;

* no utilizar bien el volumen al limitar, la altura de apilamiento, la posible deformación de la carga.

Donde el alquiler es alto, puede emplearse el apilamiento en bloque pero en estantería, con lo que el volumen se utiliza de forma óptima. Las estanterías para paletas son la solución más moderna y la que adoptan los almacenes automatizados. Se trata básicamente, de una estructura metálica autoportante o integrada en el propio edificio, compuesta por postes verticales de sección rectangular, vigas o soportes de carga, de acero, y los correspondientes refuerzos. La familia se amplía con las estanterías para pequeños contenedores o mercancías individuales, en voladizo para productos de gran longitud, dinámicas para empleo del sistema FIFO, móviles par mejor utilización del espacio o los almacenes rotativos para almacenaje de pequeñas piezas.

> **Estanterías para paletas son la solución más empleada para los almacenes automatizados**

A pesar de que cualquiera de estos sistemas de almacenaje puede ser utilizado en la fabricación flexible, la técnica de elección, para lograr una mayor integración entre la producción y la logística, es el almacén automatizado. Normalmente su diseño se basa en un concepto jerárquico de automatización por niveles, desde el más próximo a las máquinas y equipos mecánicos de transporte, hasta el de gestión de la fábrica o taller. Mediante autómatas y detectores inductivos se controlan las operaciones de los equipos transportadores y transelevadores; estos autómatas se subordinan a otros, mediante redes locales, hasta reportar al ordenador central de control, donde se encuentran las bases de datos generales.

Uno de los objetivos de la fabricación flexible es la eliminación de stocks, tanto de productos terminados como de materiales en curso de

> **En el enfoque Lean se tiende a reducir los stocks para mejorar flexibilidad cara a la renovación y modificación de los productos**

fabricación o en bruto. El stock, además de un coste de financiación elevado, proporciona un elemento de rigidez cara a la modificación y renovación del producto. Por esto, junto a las técnicas que flexibilizan la producción, se adopta la de reducción de stocks dentro de la filosofía del LEAN.

Dentro de esta tendencia se reducen y a veces eliminan los grandes almacenes de las fábricas convencionales y se tiende a colocar las piezas y las herramientas a pie de máquina, en la cantidad estrictamente necesaria para una fabricación automática y desatendida. Se tiende a conseguir una llegada continua de material desde los proveedores situándolo directamente en el puesto de trabajo. Desaparece así el muelle de recepción centralizado, la inspección de entrada y el almacenamiento intermedio con sus cargas y descargas.

En los contratos con los proveedores se concierta una calidad, una cadencia de entregas y la paletización de las piezas. En los casos en que esta política no es aplicable, o por distintos motivos no es rentable, se tiende a almacenes automáticos a ser posibles flexibles, es decir, sin estanterías, en donde las piezas se almacenan por apilado de paletas. La localización es por coordenadas y el movimiento a cargo de traslos en almacenes con estanterías o de carretillas guiadas automáticamente en los abiertos. El sistema de control que gobierna el movimiento, conoce la ubicación de las piezas y los huecos vacíos en las estanterías y gestiona la entrada y salida de materiales actualizando al mismo tiempo el stock.

El almacenamiento en línea depende de si la pieza se monta sola en la máquina, por ejemplo en torneado, o bien se monta sobre paleta con la fijación de mecanización incorporada, por ejemplo en los centros de mecanizado. Si se monta la pieza sola es suficiente con dejar las piezas o la paleta de piezas al alcance de la mano del manipulador. Si la pieza se mecaniza montada en su paleta el almacén está formado por un carrusel de paletas horizontal o vertical. El almacén de herramientas a pie de máquina es en forma de cadena móvil para situar la herramienta deseada al alcance del manipulador.

3.4.2.- El transporte y manutención.

El sistema de manipulación de materiales es el encargado de mantener el flujo físico de materiales, a través de los diferentes procesos de producción y distribución. Si el subsistema logístico no quiere convertirse en el cuello de botella del sistema, debe necesariamente compartir las características de automatización y flexibilidad. En consecuencia, no se abordan elementos de manipulación manuales o rígidos, aunque de hecho sean empleados en la mayor parte de los casos.

Atendiendo a la flexibilidad, el equipo mecánico de manipulación puede ser clasificado en:

- *Equipo sin restricciones (carretillas elevadoras, apiladoras, tractores).*
- *Restringido a un área (distintos tipos de grúas).*

- *Restringido a una línea (cintas, transportadores aéreos, AGV's, elevadores).*
- *Restringido a una posición (robots y manipuladores).*

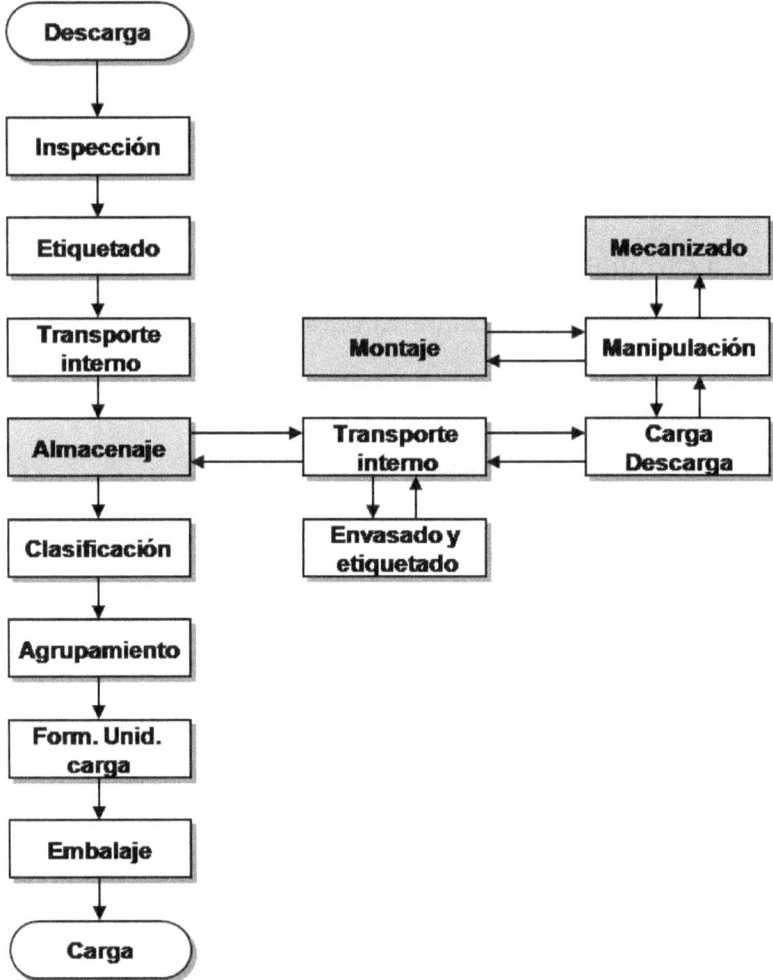

Figura 3.4.- Operaciones del equipo de transporte y manutención.

Este equipo debe realizar múltiples operaciones que pueden resumirse en las que recoge la figura 3.4. La enorme variedad de factores, que afectan al transporte de materiales, hace que cada proyecto tenga que analizarse de acuerdo a sus propias circunstancias. Unos aspectos serán de índole técnico, como el método de paletización o embalaje, las posiciones y la distribución en planta de las máquinas o los almacenes, la capacidad requerida, la velocidad, las aceleraciones, el tipo de producto, la simplicidad y el ahorro de movimientos.

Otro bloque, lo constituyen las garantías del proveedor, la calidad, precisión y fiabilidad de los equipos o la formación del personal. Quedan, por último, los de índole económica, como la inversión a realizar, el gasto de funcionamiento y el ahorro de mano de obra.

A continuación se estudiarán los distintos elementos de manutención y su uso en las diferentes fases de la manipulación de materiales.

Equipo de manutención sin restricciones de movimiento.

La *carretilla* es el equipo de manutención, que gozando de un cierto automatismo, posee mayor flexibilidad. No tiene restricciones de ruta y se usa para transportar a cortas distancias, elevar y apilar, allá donde la flexibilidad es importante, o donde es la única solución práctica. Las más usuales son las *carretillas elevadoras de horquillas* que llevan la carga fuera del polígono de estabilidad, por lo que deben ir contrapesadas. Se usan para trabajos en el interior o exterior, con superficies rugosas, para carga y descarga de camiones, trabajo en almacenes, transporte entre almacenes y procesos, o entre procesos de mecanizado, tratamiento y montaje. La transmisión puede ser mecánica, hidrostática, hidrodinámica o eléctrica. Además de la horquilla normal, puede equiparse con horquilla corrediza.

En su lugar, es posible disponer otros elementos de carga como el dispositivo de empuje o la mordaza rotativa. El mástil puede ser simple, doble o triple. Otros aspectos a considerar son la estabilidad, la visibilidad o la pendiente máxima que puede superar. En definitiva, todo un conjunto de características que variarán según las exigencias del trabajo que han de realizar. Sus líneas de desarrollo van en la dirección del incremento de capacidad, en diseño de mástil para mayor visibilidad y en el uso de carretillas sin conductor dotadas de sensores.

En las *carretillas apiladoras* la carga cae en el polígono de estabilidad, lo que permite utilizar equipos más compactos que pueden operar en pasillos estrechos, permitiendo una mejor utilización del espacio. Este tipo de carretillas de usa, con bajo y medio volumen de carga, para mover y apilar paletas. Tiene el inconveniente de que la superficie del suelo ha de ser satisfactoria, y que sus brazos requieren entrada libre a nivel del suelo.

La *carretilla extensible* debido a su versatilidad, se usa en almacenes paletizados, apilando en pequeños espacios y a grandes alturas.

Cuando se requiere aprovechar aún más el espacio, se utilizan las *carretillas para pasillos estrechos*, en las que el mástil o la horquilla pueden girar, o esta última ser telescópica.

Para cargas de gran longitud, como tubos o barras, se emplean las *carretillas de carga lateral*, en las que la manipulación se efectúa en ángulo recto con la dirección del movimiento.

Si se han de recorrer largas distancias, las *carretillas de plataforma* o los *tractores con remolque*, más versátiles, ofrecen buenos rendimientos.

Dentro del capítulo de *plataformas*, las de colchón de aire, basadas en la fuerte elevación que origina el aire, impulsado sobre el diafragma por un sistema fijo, se utilizan para el movimiento de maquinaria.

Las *carretillas preparadoras de pedidos* toman mercancías de una unidad de carga y la añaden a otra, utilizando tres métodos básicos:

* La mercancía se aproxima al operador en un transportador de rodillos, cuando se trabaja a bajo nivel.
* Se eleva al operario cuando se trabaja a niveles altos.
* Se elevan el operario y la carga.

Equipo de manutención con restricción de movimiento a un área.

Las *grúas* son, de los equipos de manutención restringida a un área, las más empleadas en la fabricación flexible. Pueden ser usadas para manipular cargas pesadas o largas, en la fabricación del metal, en el almacenamiento de tubos y, con robot de manipulación, para la alimentación de las estaciones de producción. Deja el suelo libre para otras operaciones, pero utiliza mejor las áreas que el volumen. Están constituidas por un elemento de carga motorizado, que corre sobre un puente el cual, a su vez, desliza por un raíl. El soporte puede consistir en un pórtico que circula sobre raíles, aumentando así el área de trabajo. Los *transelevadores* constituyen la solución con más posibilidades de automatización para el trabajo en los modernos almacenes, que alimentan los sistemas de fabricación flexible. Son dispositivos montados sobre raíles en el suelo y en el tacho, o en la parte superior de las estanterías, que realizan el almacenaje y la preparación de pedidos, pudiendo recibir órdenes de un ordenador de control. Este, mediante un algoritmo, optimiza el funcionamiento del almacén, seleccionando las ubicaciones apropiadas y actualizando el inventario.

Equipo de manutención restringido a una línea.

Estos equipos se mueven, continua o intermitentemente, sobre una ruta predeterminada. Constituyen, por tanto, una instalación fija, en general de difícil modificación. Su presencia es inevitable en casi todos los procesos: descarga, almacenaje, clasificación, preparación de pedidos, alimentación de líneas o células, alimentación de máquina y montaje. Unos, como _los transportadores de rodillos o de ruedas_, no acompañan la carga en el movimiento. Otros, por el contrario, como los de _cadena, bandeja, tablillas o aéreos_, acompañan la carga, pero no pueden acumularla debido al gran rozamiento. Por último, los _vehículos guiados automáticamente_ y algunos aéreos tienen la posibilidad de desconectar la carga para acumularla. Los _transportadores de rodillos_ son, de los equipos restringidos a una línea, los más comunes. Requieren que la mercancía no sea deformable y que su base tenga forma plana. Son simples y baratos y en los no motorizados pueden realizarse acumulación de mercancías.

Además de los usos ya señalados para los transportadores en general, merece mencionarse el del _almacenaje dinámico_, en que una pista de rodillos inclinada permite que la carga que primero se almacena, sea la recogida en primer lugar (método FIFO).

Otras aplicaciones son: la recepción y expedición de mercancía, el transporte entre la descarga con carretilla y el punto de acumulación antes del desembalaje y la inspección, el transporte entre los almacenes intermedios y la línea de producción, y el transporte de subconjuntos entre las estaciones de montaje. La elección de ruedas en lugar de rodillos depende del tamaño y naturaleza del área de la base. Más simple y barato que el de rodillos, el transportador de ruedas tiene, sin embargo, menor capacidad de carga.

El *transportador de cinta* es el más usado de los equipos restringidos a una línea, en los que la superficie acompaña a la carga. La cinta o banda, que puede ser de goma, plástico o acero, permite grandes velocidades y, por tanto, una capacidad de carga elevada. Su versatilidad es grande si se atiende a la variedad de mercancías que acepta, e incluso puede representar, en algunos casos, una alternativa a los elevadores, admitiendo inclinaciones de hasta un 40%. Además de los usos habituales, ya mencionados, otro empleo específico de los transportadores de cinta, es el de transportar cuerpos desmontables de aviones. Si lo que se manipula son materiales pesados, puede utilizarse el *transportador de tablillas*, aunque posee algunos inconvenientes como: el ruido elevado, la velocidad reducida y el alto consumo de potencia.

Cuando es preciso identificar la carga con códigos de dirección, los *transportadores de bandejas* ofrecen una buena solución. Un uso específico de este tipo de transportador es en las operaciones de montaje, acumulando y distribuyendo materiales y componentes a las estaciones de montaje.

Si los transportadores de rodillos no pueden emplearse para trayectos largos, los *transportadores de cadenas* ofrecen buenos rendimientos. Ambos, en conexión, pueden usarse para transferir lateralmente paletas entre diferentes líneas.

Un tipo de transportador, universalmente aceptado en las instalaciones automáticas de tratamiento superficial (cubas de desengrase, cabinas de pintura, hornos de secado), en la industria metal-mecánica, es el *transportador aéreo*. Ya sea continuo, desconectable o autopropulsado, ofrece diferentes ventajas:

> ** Libera el suelo.*
>
> ** Su configuración y diseño son rígidos.*
>
> ** No supone una gran inversión.*
>
> ** Posibilidad de acumulación (el desconectable).*

Cuando los requerimientos de espacio son muy fuertes y han de moverse mercancías entre diferentes niveles, el transportador aéreo es sustituido por *ascensores o elevadores*; Su rendimiento es menor, pero, cuando se trata de cargas pesadas, es la única solución realista.

Robots fijos y móviles.

Un estudio más detallado de los manipuladores y robots se realizará en el apartado de manipulación de piezas y herramientas. Entre los equipos de manutención restringidos a una línea o a una posición determinada, los vehículos guiados automáticamente y los robots, por su flexibilidad y alto grado de automatismo, han sido ampliamente aceptados como complemento indispensable en la fabricación flexible.

Siguiendo a Audi, que señala algunos beneficios que pueden obtenerse mediante la utilización de robots, destacamos los que parecen más sobresalientes:

- Ventajas ergonómicas.

- Mayor regularidad.

- Disminución de la mano de obra directa y a veces de la indirecta.

- Flexibilidad derivada de la posibilidad de reprogramación.

- En algunos casos, mejora de la calidad.

En definitiva, cuando se requiere un compromiso entre la automatización y la versatilidad, el robot desempeña un papel importante como elemento de manipulación. Además de sus aplicaciones en producción, montaje, tratamientos superficiales, inspección, medición y clasificación, interesa destacar aquí, su uso en manutención. Como aplicaciones consolidadas, puede hacerse referencia a las operaciones de carga y descarga de máquinas-herramienta (prensas, centros de mecanizado o máquinas de inyección de plásticos), bien de piezas sueltas o montadas sobre paletas.

Siguiendo la evolución particular de los Sistemas Flexibles de Fabricación, la oferta de robots se ha diversificado, ampliando su gama con robots de brazos sencillos y pocos ejes, para ejecutar pocas tareas en una misma célula. Incluye esa oferta, otros manipuladores capaces de efectuar tareas de empaquetado y desempaquetado, o de integrar el montaje completo de un conjunto en una misma célula. Teniendo en cuenta la cantidad de ejes de movimiento, el tipo de control, el método de programar ese control, el tipo de movimiento del manipulador y el tipo de accionamiento usado, los robots suelen clasificarse en equipos de baja, media y alta tecnología. Los robots de tecnología media tienen aplicación en los trabajos punto a punto: como la carga y descarga de máquinas o trabajos de transferencia de materiales.

Establecidos los topes mecánicos o finales, cuyo número depende de la cantidad de memoria disponible en el controlador, el robot toma la ruta más rápida y directa. Por ejemplo, con dos grados de libertad mediante finales de carrera, un grado de libertad robotizado y una pinza múltiple, es posible automatizar y dar suficiente flexibilidad, con un coste muy inferior a la de un robot. La programación es sencilla y se realiza con un programador de ejes unido a un autómata programable.

Para abordar trabajos más complejos se dota al robot de manipuladores altamente flexibles y controles de programación avanzada. Incluso, a veces, cada eje manipulador se acciona de forma separada con un servomecanismo controlado por un microprocesador, poseen además visión y pueden palpar. Los robots paletizadores están, a veces, constituidos pos bastidores autoportantes a base de perfiles de aluminio extruido. Suelen estar controlados por microprocesadores, y su operativa se centra en recoger cajas de una cinta transportadora y paletizarlas. Los elementos de sujeción verticales llevan incorporado un sistema de ventosas, para manipular los paquetes.

El robot, que posee una gran capacidad para variar sus movimientos, no deja de tener una restricción fundamental, y es la fijación de su base a un punto determinado, con lo que no puede realizar desplazamientos largos. Por eso, una de sus líneas de evolución, en lo que se refiere a su uso en manutención, ha sido el incremento de la movilidad, pasando a desplazarse sobre una línea-guía, constituyendo los AGV's con robot incorporado.

Con la inclusión del ordenador, a bordo del vehículo, se han flexibilizado aún más sus posibilidades de movimiento, llegando con facilidad a la variación y optimización de rutas: se trata de los llamados *robots móviles autónomos*

El sistema de transporte debe garantizar el movimiento de piezas entre máquinas, es decir, entre sus elementos de carga y descarga y entre éstas y los almacenes. Según la configuración del taller se trata de:

- *Mantener el stock tampón en las máquinas herramientas de las células flexibles.*
- *Establecer un sistema de transporte entre todas las máquinas y los almacenes en el caso de líneas flexibles.*

Dentro de las células flexibles el transporte está asegurado por los mismos elementos de la célula, sean los mismos robots de carga y descarga, sean los carruseles de palets, cintas transportadoras, de rodillos o sistemas a raíles montados con carácter fijo entre las estaciones que constituyen la célula. Las necesidades de transporte se refieren sólo a la alimentación desde el almacén de piezas en bruto y al envío de piezas terminadas al destino correspondiente. Si se dispone de estaciones fijas de carga y descarga, tanto en las células como en los almacenes, pueden establecerse también sistemas de transporte automático fijos entre los mismos, por ejemplo monorraíles aéreos, etc. Pero en general el sistema más utilizado son vehículos guiados.

En las líneas complejas de fabricación flexible, en donde el recorrido de las piezas entre máquinas y éstas y los almacenes es aleatorio y las distancias son ya considerables, el sistema de transporte flexible más utilizado es de vehículos guiados automáticamente -AGV (Automated Guided Vehicles)-. La gestión en tiempo real de este tipo de transporte en trayectos distintos es muy compleja, y sólo está al alcance de un sistema de control por ordenador que recoge la múltiple información enviada por los sensores y, en función de la misma, coordina y regula el tráfico. El antecedente de las AGV hay que buscarlo en las plataformas arrastradas por cadenas situadas en el suelo bajo la plataforma de trabajo, circulando sobre raíles. Este sistema, todavía utilizado en algunos casos, especialmente en distribuciones en línea por sus innegables ventajas en cuanto a capacidad, de carga, autonomía y excelente fiabilidad, requiere en cambio una instalación muy costosa y es demasiado rígido para adaptarse fácilmente a cambios de los circuitos de transporte.

3.4.3.- Los vehículos guiados automáticamente.

Pueden definirse como vehículos autopropulsados, capaces de seguir automáticamente una trayectoria variable según un patrón flexible, es decir, fácilmente modificable. El sistema de transporte puede desglosarse en tres partes:

- *El vehículo.*
- *El sistema de tráfico.*
- *El sistema de gestión.*

El vehículo está formado por una plataforma con una capacidad de carga de 50 a 2000Kg que se mueve a una velocidad de hasta 1m/s sobre cuatro ruedas con neumáticos, de los cuales dos son motrices, en general tienen dos sentidos de marcha. El accionamiento es por un motor de corriente continua alimentado por una batería de 12 o 14 V de 150 Ah. Precisa, por tanto, un frecuente cambio, recargado de baterías. Dispone de elementos de seguridad, entre ellos un parachoques que, al colisionar, detiene el vehículo. El parachoques es retráctil en una distancia equivalente a la distancia de frenado a la velocidad máxima. Algunos disponen de sensores de proximidad. Se fabrican variantes para actuar como plataforma de carga, cabeza tractora de un convoy, carretilla de palets o carretilla elevadora. El sistema de tráfico está formado por:

- *Los circuitos o caminos a recorrer.*
- *Los puntos de carga y descarga.*
- *Los puntos de comunicación.*
- *Indicadores de tráfico.*

Para el seguimiento de la trayectoria establecida se utilizan básicamente dos sistemas, el óptico y el filoguiado.

El óptico.: El vehículo sigue una línea marcada en el suelo con una sustancia fluorescente que, al ser activada mediante una luz ultravioleta, es detectada por dos células fotoeléctricas en la base del vehículo. Al varias la frecuencia de la luz ultravioleta, la señal detectada es distinta y permite pasar de un tramo del circuito a otro tramo. Si una célula se sale fuera de la línea, no recibe señal y el vehículo corrige su posición hasta que las dos células estén activas. Este sistema, muy fácil, barato de instalar y de modificar, tiene el inconveniente de precisar unas condiciones de suelo y de ambiente muy apropiados que no son en general las de un taller mecánico.

El guiado inductivo o filoguiado: Es el más utilizado. El circuito está formado por un conductor enterrado en el suelo a una profundidad de 15 a 30 mm. recorrido por corrientes de muy baja intensidad, unos 400mA a unos 40 voltios y a baja frecuencia. El campo magnético generado interacciona con dos bobinas situadas en la parte delantera del vehículo, que en función de la diferencia de las señales en cada bobina autocorrige su trayectoria. Cada tramo del circuito tiene una frecuencia distinta y esto permite al vehículo cambiar de trayectoria. La comunicación con el sistema central se efectúa en unos puntos fijos del recorrido conectados al ordenador central, el cual está provisto de una antena y, a través de la antena del vehículo, intercambian información determinando nuevos trayectos, paradas, ralentización, etc. Con ello el sistema sólo tiene una información discontinua y en unos pocos puntos. Para mejorar la posibilidad de comunicación se efectúan pruebas con sistemas por infrarrojos, por radio, etc. Otras balizas pasivas en el circuito sirven para que el vehículo identifique puntos de carga y descarga, cruces, curvas, etc.

El sistema de control consta de tres niveles:

1) A nivel del vehículo para control del accionamiento, de los sensores, de las comunicaciones y chequeo de las baterías y demás componentes.

2) A nivel de sistemas de transporte, que gestiona al tráfico asignando rutas y cargas.

3) A nivel de suelo en el que el controlador genera las frecuencias de ruta, regula el tráfico y controla el vehículo.

Para evitar la rigidez que representa la instalación del hilo de guía se están desarrollando vehículos autónomos, capaces de seguir un recorrido programado a partir del conocimiento de su posición inicial y de los desplazamientos relativos de las ruedas. Para conocer la posición del vehículo se están desarrollando también métodos por telemetría son ultrasonidos o con láser, por triangulaciones ópticas con balizas de referencia y por exploración visual del entorno. Pero por el elevado coste y las condiciones de funcionamiento requeridas no son todavía adecuados para su aplicación industrial.

3.4.4.- La manipulación de piezas y herramientas.

Los elementos utilizados en las máquinas-herramientas son las manipuladoras y los robots. La línea de separación entre manipuladores y robot no está muy definida en la práctica por las diferentes definiciones que de los mismos dan diferentes organismos. En una clasificación de elementos automáticos de manipulación de piezas desde las más sencillas a las más complejas encontramos:

- *Los manipuladores de ciclo fijo.*
- *Los manipuladores programables.*
- *Los robots de aprendizaje.*
- *Los robots de control numérico.*
- *Los robots inteligentes.*

Si bien en la definición utilizada en Japón por la JIRA-Japan Industrial Robot Association- todos ellos se definen como Robots, aquí se utilizará la definición de la RIA-Robot Industrial Association- que considera sólo como robots los elementos programables capaces de ejecutar trayectorias variadas y que, por tanto, excluyen las dos primeras categorías.

Los *manipuladores* son elementos sencillos dotados de un brazo terminado en una mano o pinza prensible, están dotados de dos a cuatro ejes que le permiten el desplazamiento y orientación de la misma en el espacio, aunque cada eje sólo puede controlarse secuencialmente en amplitud y velocidad de movimiento. Es decir, pueden ir de un punto a otro del espacio sin posibilidad de control de puntos intermedios. Según puede programarse o no para realizar varios ciclos se clasifican en ciclo fijo o ciclo variable. El movimiento de los brazos es, en general, por cilindros neumáticos. Se regula por topes y contactos de fin de carrera y las secuencias de movimientos se establecen hoy día mediante autómatas programables.

El *robot de aprendizaje* es un elemento capaz de memorizar y reproducir cualquier trayectoria, recorrida en una primera vez, de la mano de un operador. Los ejes son movidos por servomotores independientes que regulan la amplitud y la velocidad del desplazamiento.

El *robot de control numérico* es, como su nombre hace suponer, un robot gobernado por un controlador numérico en el que se almacenan los programas de movimientos del mismo de acuerdo con las diferentes piezas o máquinas a manipular. Los lenguajes de programación son propios de robótica, o extensiones de lenguajes de control numérico.

El *robot inteligente* dispone además de sensores de fuerzas, proximidad, visión y tacto que le permiten una cierta adaptación a las variaciones de su entorno.

Las cinco clases de elementos de carga y descarga son utilizados en las fabricaciones flexibles. Los manipuladores se usan, en aquellas operaciones en que se coge una pieza o herramienta siempre en el mismo sitio y se coloca también siempre en la misma posición. Es, en general, el caso de los cambiadores de herramientas y de los palets de piezas en los centros de mecanizado. Los robots de aprendizaje se utilizan para la carga y descarga de piezas en centros de torneado o de mecanizado para el montaje de piezas sueltas, siempre a partir de la misma posición y sirviendo a varias máquinas. Los robots a control numérico se utilizan en los casos en que se utilicen palets con varias piezas y debe programarse la prensión desde puntos variables. Los robots inteligentes se utilizan cuando se requiere identificación y posicionamiento de la pieza, posicionamientos muy precisos, agarres complicados, etc.

No existen reglas concretas para su utilización y en cada caso debe estudiarse con minuciosidad el puesto de trabajo del robot para simplificar al máximo las prestaciones necesarias y reducir, por tanto, el coste de la instalación. Las prestaciones que se exigen en los elementos de carga y descarga son:

- *Precisión y repetibilidad de movimientos.*
- *Productividad, es decir, rapidez de movimientos.*
- *Flexibilidad para adaptarse a la manipulación de distintas piezas y máquinas.*
- *Fiabilidad, es decir, pocas averías.*

En el mercado se encuentran robots que operan con distintos sistemas de coordenadas: cartesianas, cilíndricas, esféricas y angulares, cada una de ellas con sus ventajas e inconvenientes. Así, los robots cartesianos permiten grandes volúmenes de trabajo; los robots cilíndricos y esféricos son de realización más sencilla y por tanto más económica; los robots angulares no presentan partes en movimiento fuera de su campo de trabajo y ofrecen por tanto una mayor seguridad. Se dispone también de dos estructuras fundamentalmente distintas: el tipo pórtico y el de fijación en el suelo.

Las posibilidades mecánicas de los robots dependen no sólo del número de sus ejes sino también de otras características. Las más importantes son:

- *Capacidad de carga manipulable.*
- *Volumen útil de trabajo.*
- *Velocidad de desplazamiento para cada eje.*
- *Precisión de posicionamiento.*
- *Repetibilidad.*
- *Seguridad de funcionamiento.*

Si bien el robot es de por sí un elemento flexible, es necesario también que la mano pinza del mismo sea eficaz y flexible para coger todas las piezas que se van a mecanizar en la célula. Puede suceder que en ocasiones sea preciso cambiar la pinza para adaptarla a piezas muy diferentes. En este caso se precisará disponer de un sistema de cambio automático de la pinza del robot. Como soluciones tipo para algunas aplicaciones se utiliza:

En los centros de torneado:

- Para tener una accesibilidad óptima un robot pórtico.

- Para una solución económica, un robot de fijación en el suelo o en el bastidor, cilíndrico o esférico, delante de la máquina.

En un centro de mecanizado:

- Si la pieza se mecaniza montada en su palet, un manipulador de ciclo fijo.
- Si la pieza se fija sobre la máquina, un robot, de coordenadas angulares en el suelo.

3.4.5.- Identificación de materiales.

En las células de fabricación flexible éstas deben conocer qué pieza va a fabricar para cargar el programa de mecanización adecuado y, en función del mismo, seleccionar y cargar las herramientas. En los sistemas que disponen de almacén en torreta, palets o cadena, el ordenador conoce el número de herramienta que está situado en cada posición, con lo que para cambiar una herramienta basta con girar los elementos portaherramientas hasta que se coloque en posición adecuada. En los casos en que las herramientas no se pueden individualizar por su posición en el almacén, deben utilizarse sistemas de identificación automática de las mismas.

En cuanto a las piezas, en las células que trabajan por lotes, es el mismo encargado el que introduce en el controlador la referencia a mecanizar y según los casos puede incluso programar una secuencia de varias cantidades de piezas diferentes a fabricar. Pero en los casos en que la entrada de piezas puede ser aleatoria, como es en general en los talleres de fabricación flexible, es preciso disponer de sistemas de identificación automática.

Sin embargo, los sistemas de identificación automática no se utilizan solamente en la fabricación flexible sino que empiezan a utilizarse en las industrias para controlar, en tiempo real, el flujo de materiales en almacenes y en talleres. Existe hoy día un cierto número de tecnologías más o menos concurrentes y complementarias que constituyen un mercado en pleno desarrollo. El más conocido y utilizado, quizás por su fuerte implantación en las industrias de distribución, es el *código de barras*; lo vemos en las cajas de los grandes supermercados. Un código de barras blancas y negras de distintos espesores grabado en una etiqueta y un lector óptico, en general a láser, constituyen un sistema de identificación barato y sencillo. Esta etiqueta fijada sobre las piezas, los containers, o los palets empieza a utilizarse en las fábricas. Sus principales inconvenientes son que es una información estática, es decir, no puede modificarse fácilmente para ir añadiendo datos a medida que la pieza sigue su camino por los talleres y, además, polvo, grasa y, en general, un ambiente adverso, pueden dificultar y a veces impedir una lectura correcta.

Se utiliza también el *reconocimiento óptico de caracteres, números y letras grabados* en una etiqueta. Tiene los mismos inconvenientes que el sistema anterior, si bien es más sencillo para ir modificando la información que contiene.

Entre los medios ópticos de identificación automática se utiliza también el reconocimiento de formas a través de la comparación de las imágenes captadas por una cámara de vídeo con unas formas patrón. En su estado de desarrollo actual requiere unas condiciones de iluminación y aislamiento de las piezas para evitar superposiciones que limitan su utilización industrial y generan un coste elevado.

Últimamente han aparecido técnicas de identificación que no están basadas en las imágenes y que son apropiadas también para entornos industriales difíciles. Se trata *de etiquetas, balizas, cápsulas codificadas y leídas a través de ondas de radio*. El sistema utiliza dos gamas de radiofrecuencia para asegurar la comunicación entre las etiquetas, que disponen de memoria y un porta emisor fijo o portátil. Las etiquetas o cápsulas son pequeñas cajitas herméticas, recubiertas de resina sintética.

Las más sencillas son *pasivas* y disponen sólo de unos pocos bits de memoria. Cuando pasan por delante de la antena del receptor, se activa la célula y emite la información grabada en la memoria. Más flexibles son las *activas*, que disponen de una pequeña pila de litio de larga duración. Su capacidad de memoria es muy variable, desde unos pocos bits a unos miles, pudiendo llegar a almacenar una verdadera base de datos con el historial de la pieza. Pueden leerse, borrarse y añadir más información, y se utilizan sobre piezas, palets, herramientas, etc.

Otro sistema es la *etiqueta magnética*, donde la información grabada en la pista magnética puede leerse también a distancia y no es afectada por polvo, grasa, etc. En cambio puede ser destruida por campos magnéticos, radiaciones, etc. Pueden contener mucha información y son fácilmente reprogramables.

3.5.- MEJORA DE LOS PROCESOS.

3.5.1.- Introducción.

Este apartado se refiere a los cambios físicos del proceso de fabricación que mejorarán el flujo de trabajo. Los cambios del proceso tienen tres formas principales:

1. **Reducir el tiempo de preparación.**

2. **Mantenimiento preventivo total.**

3. **Cambiar a líneas de flujo.**

El tiempo de preparación es el tiempo que se tarda en cambiar una máquina para que pueda procesar otro tipo de producto. Hasta la fecha, en la mayor parte de las empresas manufactureras occidentales, se ha prestado muy poca atención a reducir el tiempo de preparación. Un tiempo de preparación excesivo es perjudicial por dos razones principales. En primer lugar, es un

> **Tiempos largos de preparación disminuyen el rendimiento de la máquina: es tiempo que no se produce, y más grande será el lote de fabricación.**

tiempo durante el cual la máquina no produce nada; de modo que los tiempos de preparación largos disminuyen el rendimiento de la máquina. En segundo lugar, cuanto más largo es el tiempo de preparación, más grande será el tamaño de lote, ya que, con un tiempo de preparación largo, no resulta económico producir lotes pequeños.

Con los lotes grandes llegan los inconvenientes del alargamiento de los plazos de fabricación y aumento de los niveles de existencias. Por tanto, reducir los tiempos de preparación aumenta la eficiencia de la máquina, disminuye el tamaño de los lotes, los plazos de fabricación y los niveles de existencias.

Otro efecto que hay que mencionar: muchas empresas han descubierto que atacando los tiempos de preparación, la preparación de las máquinas resulta más uniforme y se reducen los despilfarros a menudo asociados a la misma. A medida que disminuyen los niveles de existencias en una aplicación Lean/JIT, las máquinas poco fiables son cada vez más problemáticas. La reducción de los stocks de seguridad significa que si una máquina sufre una avería, les faltará trabajo a las máquinas siguientes.

> **El flujo de trabajo puede mejorar sustituyendo la disposición tradicional por procesos a líneas de flujo**

Para evitar que esto suceda, se debería incluir un programa de mantenimiento preventivo para ayudar a garantizar una gran fiabilidad del proceso. Igual que otros aspectos del Lean, esto se puede conseguir delegando a los operarios la responsabilidad del mantenimiento rutinario.

El flujo de trabajo a través del sistema de fabricación puede mejorar sustituyendo la disposición por procesos más tradicional por líneas de flujo. Mediante estas líneas de flujo, el trabajo puede fluir rápidamente de un proceso a otro, ya que son adyacentes. De esta forma se pueden reducir considerablemente los plazos de fabricación.

3.5.2.- Reducción de los recorridos y simplificación de los flujos.

En las fábricas resulta muy importante la ubicación de las actividades para conseguir una buena eficacia. A menudo, esta ubicación, resulta perjudicial para la eficacia; ello es resultado de un crecimiento anterior poco controlado, raramente se construyen las fábricas teniendo desde el principio el tamaño y la

> **La ubicación de las actividades es muy importante para conseguir una buena eficacia**

configuración definitivos. La extensión progresiva de actividades conduce a ir añadiendo nuevos equipos, sin que se aproveche para mover al propio tiempo las máquinas existentes y optimizar el conjunto. La mala ubicación de las máquinas tiene además una segunda explicación: las actividades suelen organizarse en las fábricas de modo funcional.

Las distribuciones funcionales.

En una disposición funcional, las máquinas que llevan a cabo el mismo tipo de operación se encuentran agrupadas (fig. 3.5). Así, las taladradoras se colocan una junto a otra y son operadas por especialistas. Igual principio rige respecto a los tornos, prensas, sierras, etc. De modo general, los operarios que realizan igual tipo de trabajo se agrupan en el mismo sector.

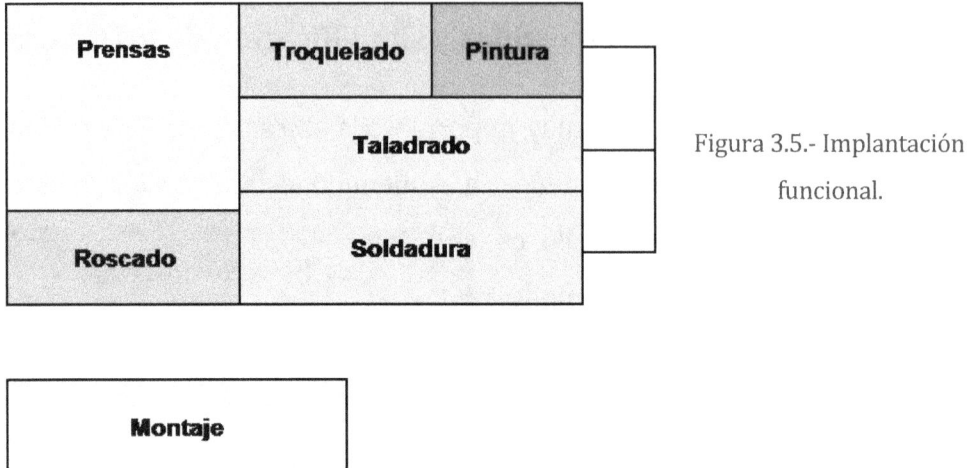

Figura 3.5.- Implantación funcional.

La fabricación de las piezas se ve, por lo demás, claramente separada de su montaje. La recepción de las materias primas y de los productos adquiridos se lleva a cabo en un lugar único. Algo similar sucede con los almacenes o con la expedición de los productos. Estos dispositivos funcionales se han heredado de decenios de organización tayloriana de la producción. Permiten que el personal especializado de cada sector realice tareas repetitivas muy especializadas, haciendo posible la utilización de una mano de obra poco cualificada. Facilitan la supervisión del trabajo, puesto que cada contramaestre o jefe de equipo no debe conocer sino un tipo de máquina o un número limitado de tareas. Pero las implantaciones funcionales tienen como resultado maximizar la longitud del recorrido de los materiales y de los productos (fig. 3.6).

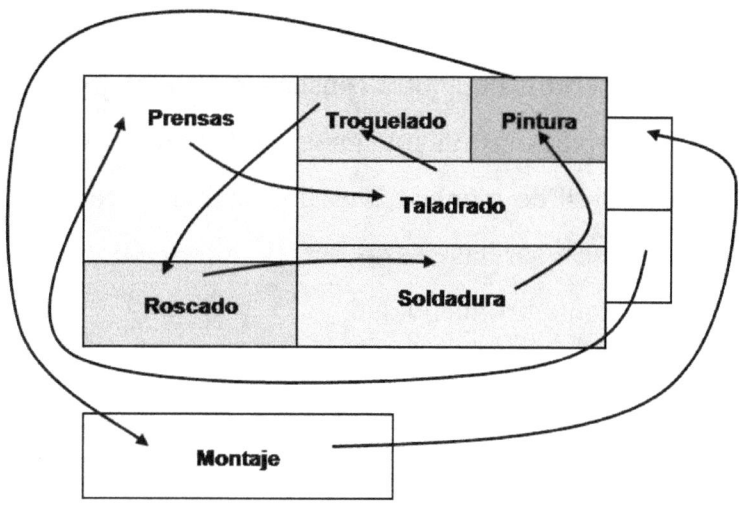

Figura 3.6.- Circulación de materiales y productos en una fábrica funcional.

Así, cuando una pieza llega al sector de taladrado, debe rodear todas las taladradoras que no le conciernen antes de llegar a la que debe tratar; e igual sucederá en todos los demás sectores. Resulta en consecuencia imposible encadenar las operaciones de producción correspondientes a una pieza dada. A veces, entre dos operaciones sucesivas, la pieza se ve transportada incluso a un almacén, lo que alarga todavía más el camino a recorrer. Se encuentran así en una fábrica todas las consecuencias de una mala disposición; cada día, miles de piezas, a menudo pesadas, se someten a largos recorridos que perjudican sus plazos, la productividad y los costes.

El alejamiento de los puestos de trabajo que realizan operaciones sucesivas sobre las mismas piezas hace necesaria la fabricación en lotes, a fin de minimizar las tareas de transporte entre operaciones. Pero la fabricación por lotes supone plazos de producción y niveles de almacén intermedios mucho más elevados que los de una organización que permitiera el encadenamiento secuencial de las operaciones relativas a cada pieza. La longitud de los recorridos tiene otra consecuencia: el flujo de los millares de piezas que se desplazan simultáneamente sobre trayectos diferentes, es complejo y muy difícil de manejar. De ello resultan pérdidas de tiempo, dificultades para localizar las piezas, mala utilización de la superficie disponible e insuficiente productividad.

La complejidad no tiene, sin embargo, nada de inevitable. Resulta posible mejorar considerablemente la distribución de las actividades en las fábricas. El objetivo a buscar es simple; se trata de: ***colocar uno al lado de otro los puestos de trabajo que efectúan operaciones sucesivas (sobre una misma pieza o un mismo producto)***. Es necesario conseguir encadenar entre sí las operaciones, suprimir los almacenes intermedios, reducir a lo estrictamente indispensable las operaciones de manutención, simplificar el flujo de piezas, facilitar el seguimiento de la producción (fig. 3.7).

Es preciso considerar varios aspectos:

- *La disposición en células de los talleres.*
- *La separación geográfica y la puesta en línea de las fabricaciones de productos diferentes.*
- *Las demás actividades a situar próximas entre sí.*
- *La descentralización de las actividades de recepción, almacenaje y expedición.*

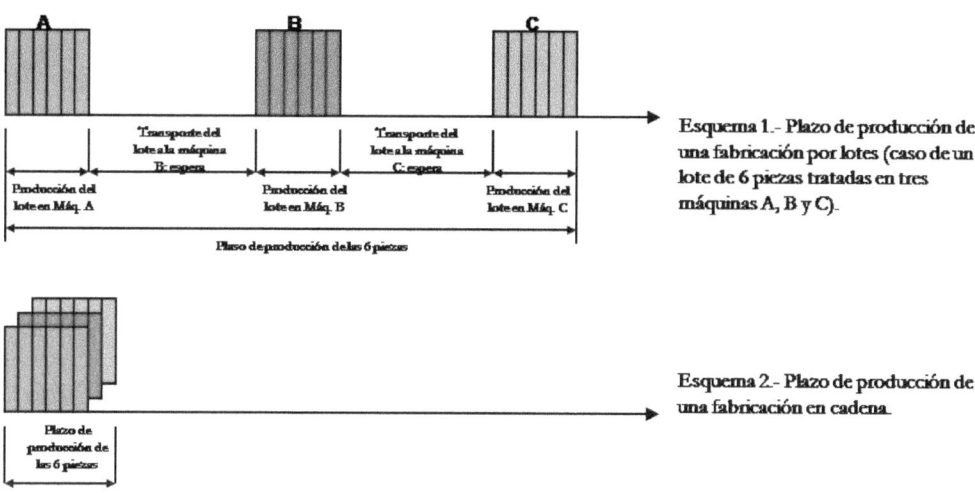

Figura 3.7.- Plazos de producción en fabricación por lotes o en cadena.

Las líneas de flujo.

De esta forma, se simplifica considerablemente la dirección de la fábrica. En vez de un funcionamiento extremadamente complejo basado en una disposición por procesos donde cada producto sigue una larguísima ruta a través de la fábrica, tendremos ahora un flujo simple, unidireccional, con una gama limitada de productos en cada línea de flujo. Debido a este cambio a las líneas de flujo de productos, muchas empresas japonesas

> **Con las líneas de flujo se simplifica la dirección de la fábrica**

emplean ahora una mano de obra flexible en la que cada trabajador tenga conocimientos de diversas áreas; este sistema se llama *shojinka*. El uso del shojinka permite que el número de empleados en cada línea de flujo suba o baje según la demanda de una determinada familia de productos. Cuando es baja, cada trabajador puede tener dos o más máquinas; cuando es alta, cada máquina tiene uno o más operarios. Si no hay demanda para una familia de productos determinada, los trabajadores se sitúan en la línea de flujo de otro producto.

Naturalmente, esto sólo puede dar resultado si los trabajadores están preparados para trabajar con diferentes máquinas y si la relación con los empleados y los sindicatos es buena. En algunos sectores, posiblemente se tarden años en conseguir esta flexibilidad. Actualmente sólo unas pocas empresas occidentales han logrado un proceso significativo en la adopción del shojinka.

Hay varias razones, incluyendo la excesiva división de las especialidades en una gran variedad de categorías laborales. Para conseguir un aumento de la flexibilidad entre la mano de obra, hay que eliminar la mayoría de estas divisiones y crear incentivos para que los trabajadores reciban una preparación para poder realizar diferentes trabajos. No todas las disposiciones por líneas de flujo son igualmente eficaces para suavizar el flujo de trabajo de la fábrica y utilizar al máximo la flexibilidad de la mano de obra.

La *disposición tipo jaula* limita el uso de una mano de obra flexible, ya que hay muy pocas opciones para reestructurar a los operarios; también dificulta la sincronización entre las diferentes estaciones de trabajo, aumentando el nivel de productos en curso (fig. 3.8).

Otra disposición que tampoco es deseable es la *disposición tipo isla*, que constituye un ejemplo de una línea de flujo tan pequeña que resulta difícil ajustar el número de trabajadores y por tanto reduce la flexibilidad (fig. 3.8). La disposición ideal es casi siempre la *línea de flujo en forma de U*, dedicada a una determinada familia de productos y a la que se le a dado el nombre de célula de máquinas (fig. 3.9).

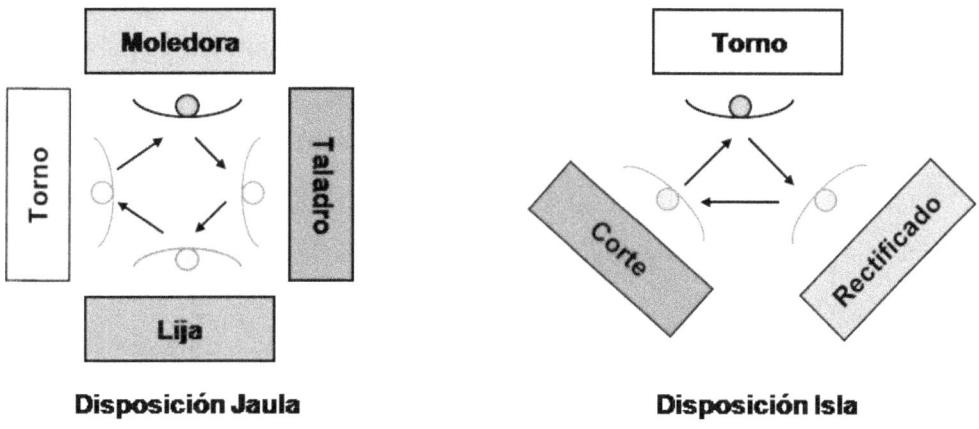

Figura 3.8.- Disposiciones tipo jaula y tipo isla.

Las células de máquinas.

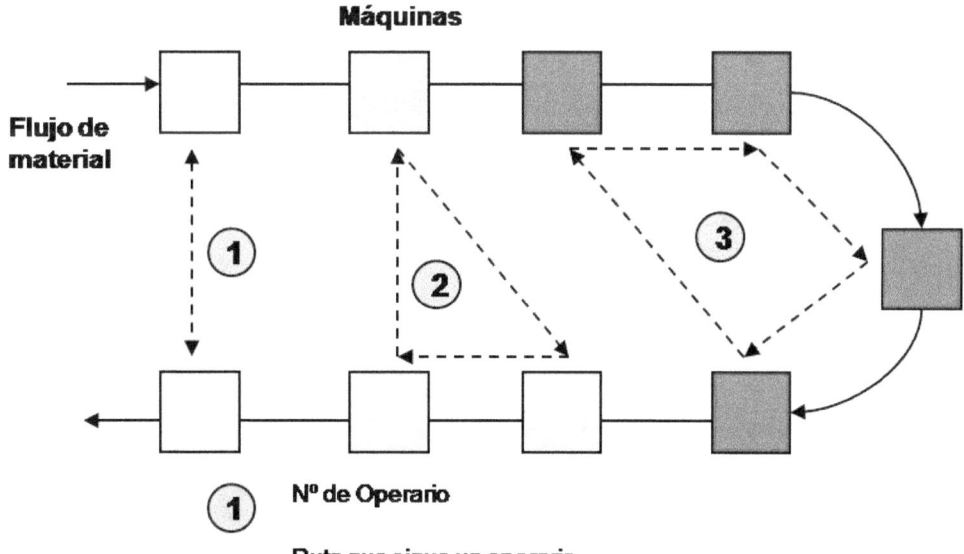

Figura 3.9.- Disposición en línea en forma de U. Célula de máquinas.

En un taller de fabricación, en que la distribución es generalmente funcional, existen muchos recorridos de piezas diferentes, sin que ninguno de ellos sea simple ni corto. Sin embargo, pueden en ocasiones identificarse algunos circuitos elementales recorridos por gran número de piezas.

Un circuito elemental corresponde frecuentemente al único recorrido posible para un tipo dado de pieza, por razones técnicas o a causa de características de forma y de tamaño particulares de las piezas.

Resulta así pues posible agrupar las máquinas de cada circuito elemental y disponerlas en forma de U, de modo que las máquinas se sucedan en el orden de las respectivas operaciones de fabricación (fig. 3.9). La mayoría de los trayectos de las piezas se limitan de este modo al recorrido por una de las células así obtenidas.

Una célula corresponde al recorrido mínimo que habría de efectuar una pieza tratada por cada una de las máquinas (fig. 3.10). Permite encadenar las sucesivas operaciones relativas a una misma pieza, con lo que se hacen mínimos los plazos. Una pieza puede en efecto fabricarse por completo en algunos minutos, en tanto que en una fábrica tradicional serían con frecuencia necesarias varias semanas.

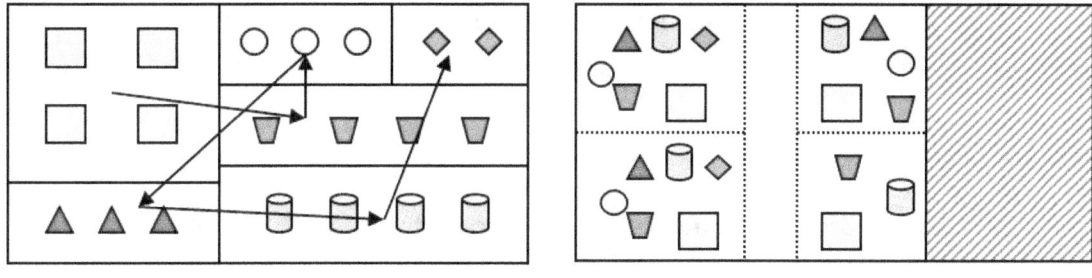

Antes: implantación funcional   **Después: constitución 4 células**

Figura 3.10.- Constitución de células de maquinas en un taller de fabricación.

La creación de células suele ser poco costosa, los beneficios obtenidos son tan elevados que la operación puede hacerse rentable en algunas semanas. Las células de maquinaria son una de las principales explicaciones de los plazos muy cortos de fabricación y de los niveles de almacenaje extremadamente bajos de las fábricas japonesas. A continuación se van a indicar las precisiones técnicas de las células de maquinas:

a) **La concepción de las células**: Concebir las células a crear en un taller tradicional no siempre puede hacerse de modo manual. Cuando el número de piezas diferentes a tratar es elevado, se trata de un problema de tecnología de grupo. El empleo de los programas lógicos de la T.G.A.O.(Tecnología de Grupo Asistida por Ordenador) no parece deseable por su lentitud de utilización. El problema puede tratarse mediante microordenador con simples pantallas.

b) **El plazo mínimo**: En una buena célula, las máquinas están muy próximas y los operarios se desplazan con la pieza que tratan. La proximidad de las máquinas evita desplazamientos importantes y garantiza un plazo mínimo, con el más rápido encadenamiento de las operaciones.

c) **El equilibrio de las células**: Consideremos una célula en la que las cadencias de las máquinas son muy diferentes. Los tiempos de ciclo de las máquinas A y B son respectivamente de 30 y 15 segundos. Si se dedica un operador a cada una de las máquinas A y B, el de la máquina B estará inactivo durante la mitad de tiempo. La polivalencia y el desplazamiento de los operadores permiten la utilización de cada uno de ellos al 100% de su tiempo. Es verdad que, en tal caso, la máquina B resulta dos veces menos utilizada que la máquina A (lo que no preocupa a los japoneses, que prefieren maximizar la utilización del personal que la de las máquinas, frecuentemente poco costosas). No hay que inquietarse por esta situación, en un taller tradicional, las máquinas no están todas ellas utilizadas al 100%. Además, el problema puede atenuarse mucho por la concepción de células de formas específicas o, en caso necesario, por el cambio de algunas máquinas.

d) **La flexibilidad**: Para hacer variar el volumen de producción de una célula, basta con hacer trabajar a más o menos operadores, hasta el límite de saturación de las máquinas (fig. 3.11).

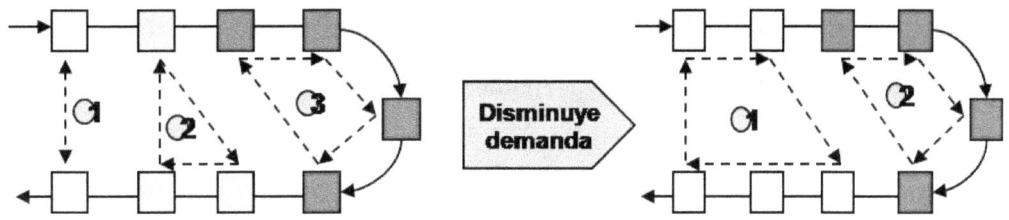

Figura 3.11.- Flexibilidad de una célula ante una disminución de la demanda.

e) **La simplificación de la planificación y de la organización**: Ya no se trata de planificar, para cada grupo de piezas, el paso por cada una de las máquinas, sino un solo paso a través de la célula. Se genera una sola orden de fabricación para el paso de un grupo de piezas por una célula de 10 máquinas, contra diez órdenes de fabricación requeridas en una organización tradicional.

La focalización y la puesta en línea.

La focalización consiste en dividir una fábrica en sectores independientes, cada uno de los cuales asegura el ensamblaje de las operaciones relativas a una de las familias de productos que trataría la fábrica inicial (fig. 3.12). Poner en línea es disponer consecutivamente las operaciones de producción relativas a un mismo producto, a fin de permitir su encadenamiento. Esta nueva disposición conduce a una reducción muy fuerte de los recorridos de las piezas, lo que disminuye los plazos y los almacenes y mejora la productividad.

La organización y el funcionamiento de la fábrica, dividida en sectores independientes, resultan claramente mejoradas. En cada sector puede seguirse con la vista lo que sucede e identificar los posibles problemas (management by eye). Las piezas se localizan con facilidad, disminuyen los riesgos de error y la falta de piezas. Si se presenta un problema en una línea de producción -estrangulamiento en las salidas o en el control, problema de calidad, avería...- no repercute sobre las otras. La gestión y la planificación de cada sector se ven además considerablemente simplificadas. La puesta en línea conduce a importantes progresos en los planos de la eficacia, la productividad, la flexibilidad y la reducción de plazos.

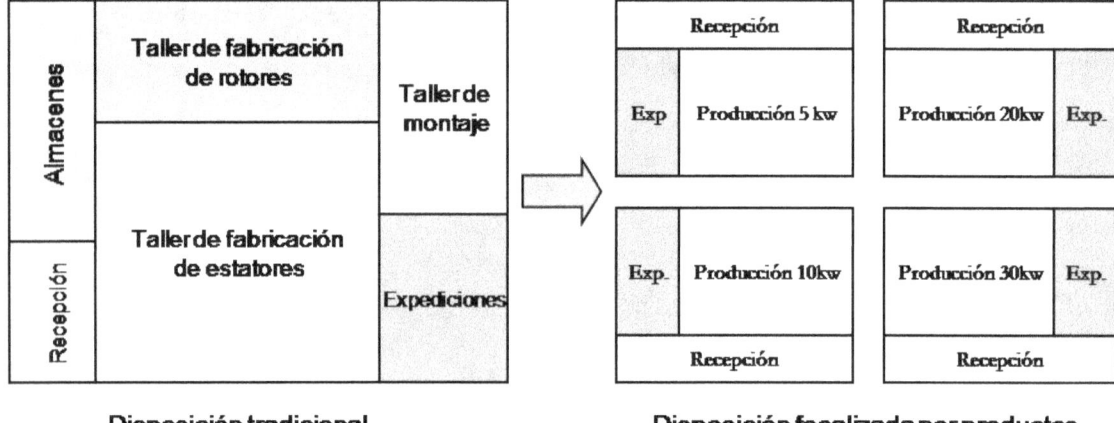

Figura 3.12.- Disposición de una fábrica focalizada por productos.

Otras agrupaciones de actividades.

No todos los talleres pueden ser organizados enteramente en forma de células. No todas las fábricas pueden ser focalizadas por productos y puestas en línea. Sin embargo, cualquier modificación parcial por uno de tales caminos es beneficiosa. Por lo demás, cuando las células o las puestas en línea parecen imposibles, pueden a menudo llevarse a cabo agrupaciones de actividades (fig. 3.13).

Una primera vía consiste en agrupar simplemente las máquinas y los puestos de trabajo que efectúan las operaciones relativas a las mismas piezas o a los mismos productos; conviene enseguida encadenar sus operaciones y suprimir los almacenes intermedios. En una segunda aproximación puede pensarse en cuestionar la tradicional separación existente entre fabricación y montaje.

En la fábrica de Toyota o en la de Citroën, se encuentran ahora máquinas junto a las líneas de montaje, que son accionadas por los operarios del montaje cuando tienen necesidad de piezas para ensamblarlas al producto en curso.

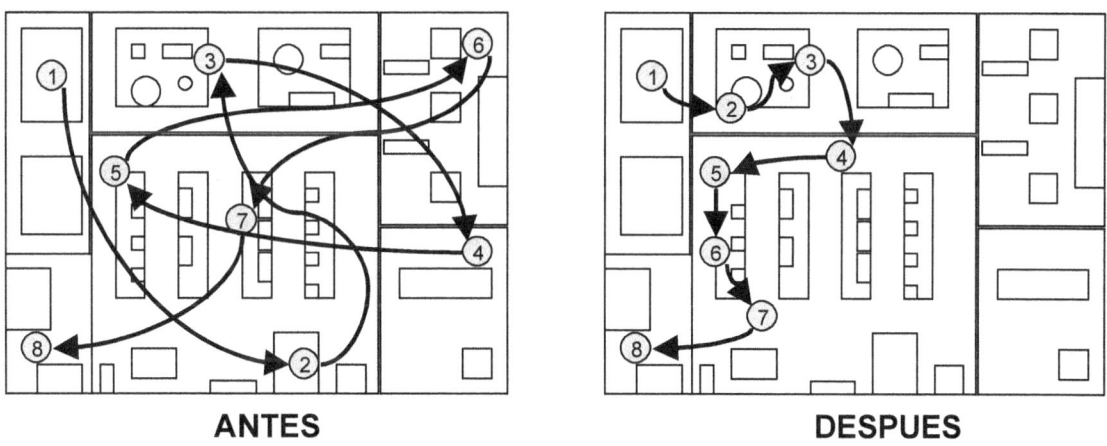

ANTES   DESPUES

Figura 3.13.- Aproximación de actividades.

La descentralización de las actividades de recepción, almacenaje y expedición.

La recepción, el almacenaje y la expedición son actividades

tradicionalmente centralizadas en la mayoría de las fábricas; es deseable intentar descentralizarlas en el mayor grado posible a fin de reducir los trayectos, los plazos y la ineficacia. Hay que precisar que es interesante que la descentralización se vea acompañada de una evolución de las relaciones con los proveedores.

Los frenos al cambio.

No siempre es fácil convencer al personal y a los responsables de una fábrica para que modifiquen la ubicación de las actividades. La operación puede juzgarse como imposible o como no rentable. Existen con frecuencia en una fábrica algunos equipos para los cuales un desplazamiento sería técnicamente irrealizable o costaría demasiado caro. No todos los talleres de fabricación se prestan fácilmente a una redistribución en células independientes: los números de máquinas son incoherentes; ciertas máquinas se utilizan para todas las piezas, caso frecuente en los equipos de tratamiento térmico, tratamiento de superficies, aislamiento, pintura...La focalización y la puesta en línea pueden también ser imposibles cuando los equipos se utilizan para todas las familias de productos.

> En toda fábrica hay actividades con posibilidades de agruparse

En fin, ciertos equipos deben permanecer aislados de los otros en razón de la contaminación que originan: ruido, humos, proyecciones de pintura, calor... Sería lamentable que estas dificultades condujeran al inmovilismo. La experiencia muestra que en toda fábrica pueden encontrarse actividades que resultan posibles y deseables agrupar. Además, en un taller de máquinas, es mejor tener algunas células imperfectas que carecer totalmente de células. Una comprobación de imposibilidad se debe con frecuencia a un equipo adquirido con anterioridad y que ahora se revela como mal concebido o ina-daptado; así sucede especialmente cuando una máquina figura en el recorrido de todas las piezas. Es deseable cuestionarse estos

> **Las reubicaciones de equipos simplifican las fábricas, mejoran su eficacia, facilitan su gestión y reducen los stocks y plazos**

equipos y su reemplazamiento progresivo por máquinas pequeñas, poco caras y dedicadas a una familia de piezas.

La vuelta a utilizar máquinas antiguas que habían sido retiradas, puede asimismo proporcionar una gran ayuda. La ventaja aportada por la reubicación de una actividad se mide a menudo sólo por la reducción del personal de manutención o de transporte, con lo que puede deducirse que la operación no es rentable. Esto es olvidar todas las demás ventajas: reducción de almacenes y de plazos, circulación directa de la información entre dos puestos de trabajo consecutivos, coordinación más fácil, identificación y rápida corrección de los efectos, ganancias de espacio y, frecuentemente, mejora de la productividad y de la mano de obra directa. Dicho en términos más generales, no resulta apropiado intentar justificar localmente cada una de las mejoras que puedan proyectarse en una fábrica, lo que conduciría a no poner en práctica sino las más rentables. Es, por el contrario, preciso, llevar a cabo de modo progresivo todas las acciones que permitan acercarse al nivel de eficacia de las industrias más competitivas. Hay que considerar que las acciones más rentables compensan a las demás. Conviene añadir que el coste de la reubicación de los equipos no es tan elevado como pudiera creerse.

La agrupación de actividades consecutivas permite acelerar los flujos de materiales y de productos en una fábrica; se trata de una condición básica de la producción Just-in-time. Las reubicaciones de equipos simplifican las fábricas, mejoran su eficacia, facilitan su gestión y reducen fuertemente los stocks y los plazos. Constituyen el primer escalón de medidas orientadas a eliminar las desventajas de las fábricas.

3.5.3.- El cambio rápido de herramientas.-

En las fábricas, las máquinas son con la mayor frecuencia polivalentes, lo que permite obtener una tasa de utilización elevada, garantiza su rentabilidad y costes reducidos de producción. Para pasar de un tipo de producción a otro hay que cambiar la herramienta de la máquina. En el ejemplo de una prensa estampadora de chapa, el cambio de tipo de matriz necesita la sustitución de las prensas macho y hembra.

> **Los cambios de herramientas largos producen stocks elevados, plazos largos de producción, esperas y obstáculos a la fluidez de recorrido**

Es preciso desmontar la matriz, desplazarla, colocar otra, ajustarla, ensayar una primera pieza, hacerla controlar, comprobar la mayoría de las veces que es defectuosa, reanudar los reglajes, etc. Este trabajo largo y delicado no siempre puede ser utilizado por el operario de la máquina, siendo necesario en numerosos casos la intervención de un especialista. Por causa de su duración y coste, los cambios de herramienta no pueden, por tanto, verificarse muy a menudo, y por ello es necesaria la producción consecutiva de lotes importantes de piezas idénticas. Resultan de ello stocks elevados, plazos largos de producción, esperas y obstáculos a la fluidez de recorrido de los productos.

Durante decenios y todavía hoy, los creadores de máquinas herramientas han tenido como preocupación esencial el incremento de la cadencia instantánea de sus equipos, lo cual correspondía a la principal exigencia de sus clientes más importantes: los industriales que producen grandes series. Las máquinas, en definitiva, no han sido concebidas para un cambio rápido de herramientas, lo

> **En los planes de mejora de la productividad generalmente se omite la idea de reducir los tiempos de cambio o preparación de herramientas**

que explica que la operación dure generalmente varias horas. Pero lo cierto es que la duración del cambio de herramientas viene en gran parte condicionado por la concepción de la máquina. Por ello sin duda, el personal de las fábricas no tiene costumbre de intentar reducir dicha duración; cuando el fabricante de equipos tiene un nombre muy conocido o es de gran prestigio, apenas se piensa en cuestionar sus principios de concepción.

La idea de reducir los tiempos de cambio de herramienta no es, por tanto, tradicional en la industria. Las mismas direcciones generales raramente piensan en ello, cuando su función consiste en especial en fomentar la evolución en el seno de sus empresas. En consecuencia, los planes de acción que las empresas establecen periódicamente para mejorar su productividad omiten generalmente esta cuestión. Una fuerte reducción de los tiempos de cambio de herramientas ofrecería sin embargo múltiples ventajas:

- *Aumentaría la capacidad de producción por lotes.*
- *Permitiría librarse de la producción por lotes.*
- *Resultaría de ella una fuerte baja de los plazos y de los stocks, así*

como la posibilidad de utilizar las máquinas para producir las piezas en el momento en que se tiene necesidad de ellas y con la calidad necesaria.

- *Los problemas de la falta de piezas o del retraso de los pedidos de clientes se verían con ello sensiblemente reducidos.*

Por tanto, mejorarían netamente la eficacia y la flexibilidad de la fábrica. Para comprender el camino a seguir, basta tomarse la molestia de asistir a un cambio de herramientas. Lo ideal es filmar en video la totalidad de la operación para poder analizarla posteriormente con detalle y mostrar al personal productivo que resulta fácil mejorar la situación. Se descubren entonces fenómenos chocantes: varias idas y venidas del operario

> **La reducción del tiempo en preparación de máquinas y cambio de herramientas mejora la eficacia y flexibilidad de la fábrica**

entre la máquina y el almacén de herramientas, situado a distancia; la ausencia de utillaje corriente al lado de la máquina; espera por el operario de que estén dispuestos los medios de mantenimiento; sistemas de fijación que hacen perder mucho tiempo; encadenamiento deficiente de las operaciones que se traduce especialmente en numerosos desplazamientos inútiles alrededor de la máquina; tareas que podrían efectuarse sin parar la máquina; ausencia de gálibos de reglaje; mucho tiempo perdido en tanteos, ensayos y reglajes complementarios antes de producir en fin la primera pieza correcta.

Resulta fácil remediar estas deficiencias; basta con algunas ideas muy simples: cambios de todos los sistemas de fijación por sistemas de bloqueo instantáneo, disminución del número de tornillos y pernos, creación de conjuntos de herramientas ligeras situadas de modo permanente junto a la máquina, instalación de un stock de herramientas al lado de máquina, herramientas transportadas por una carretilla dedicada a la máquina, revisión de la secuencia de las operaciones, creación de gálibos de reglaje... Concebir estas modificaciones es fácil; puede efectuarse por el mismo personal de producción, asistido puntualmente por los especialistas del servicio de métodos.

Conviene añadir que el objetivo buscado, la puesta en marcha, el rodaje en vídeo y los resultados se aceptan generalmente muy bien por el personal de la fábrica con la condición de tener información previa. Todo el mundo comprende el interés para la empresa de la reducción de las pérdidas. Además, el principio de la disminución de los tiempos de cambio de herramientas lleva consigo la adhesión: no se trata de hacer trabajar al operario de la máquina más aprisa, sino más inteligentemente.

Los japoneses han comprendido desde hace largo tiempo la necesidad de conseguir cambios muy rápidos de herramientas; esto es lo que se puede comprobar en varias fábricas pertenecientes a las sociedades como Toyota, Fujitsu, Toshiba, Yamaha. Los japoneses más eficaces se esfuerzan ahora en alcanzar el " One Touch Up" (cambio de herramientas en un solo movimiento o instantáneo.

Tal como puede verse en la tabla 3.1, los tiempos de preparación de la planta de Toyota son considerablemente inferiores, lo cual ha hecho que últimamente las principales empresas automovilísticas de otros países están realizando esfuerzos considerables para reducir sus propios tiempos de preparación.

	Toyota	U.S.A.	Suecia	Alemania R.F.
Tiempo de preparación (horas)	0,2	6	4	4
Número de preparaciones al día	3	1	-	0,5
Tamaño de lote (días de uso)	1	10	31	-

Tabla 3.1.- Comparación de los tiempos de preparación entre diversos fabricantes de automóviles

El cambio de herramientas debe poder realizarse rápidamente por el operario de la máquina. Un programa de reducción generalizada de los tiempos de cambio de herramientas es un imperativo de competitividad para todas las sociedades industriales; lleva consigo mejoras importantes en el plano de los plazos, de los costes y de la flexibilidad. Cuando el cambio de herramientas acompaña a la creación de células de máquinas en un taller de fabricación, el conjunto así constituido es capaz de una gran flexibilidad con un coste reducido.

En general, las mejoras más usuales debidas a un cambio rápido de herramientas son las siguientes:

1.- Evitar desplazamientos, esperas, pérdidas de tiempo, búsquedas, necesidad de elegir. Tener junto a la máquina todo lo necesario:

- *juegos de herramientas, medidores de gálibo, instrumentos de reglaje, junto a la máquina;*

- *materializar zonas para colocación clasificada de útiles en casilleros;*

- *puesto de trabajo espacioso, ordenado y limpio;*

- identificación, mediante colores, de las herramientas compatibles y de sus casilleros;

- esquemas de instrucciones situados junto a la máquina;

- utillaje ligero de la máquina (llaves, llaves rápidas, destornilladores, martillos,...).

2.- Dedicar medios de manutención. Suprimir esfuerzos físicos.

- carretillas portaherramientas a la altura de la máquina;

- dispositivos para colocar la herramienta (rodamientos, correderas);

- gatos neumáticos o hidráulicos de elevación de herramientas;

- revisión de la concepción de la herramienta para no tener que desmontar más que una parte reducida de la herramienta.

3.- Reducir los tiempos de fijación de la herramienta.

- reducción del número de pernos y tornillos;

- reducción de la longitud de los pernos;

- reemplazo de agujeros por muescas y entalladuras (evitando tener que desatornillar por completo los pernos);

- tuercas y pernos acanalados;

- fijaciones rápidas, cierres, sistemas de encajado, bridas;

- señales de posicionamiento y de centrado en las herramientas y/o en la máquina;

- diferenciación por colores de las señales de posicionamiento.

4.- Reducir los tiempos de reglaje y de conexión.

- normalización de alturas de las herramientas;

- calces, señales de colores, graduaciones, muescas;

- plantillas de ajuste; - presencia, junto a la máquina, de una pieza testigo de cada tipo a producir;

- sistemas rápidos de conexión y desconexión;

- identificación mediante colores de cables, hilos eléctricos, tuberías...

5.- <u>Efectuar tareas fuera de horario</u>.

- limpieza, mantenimiento, afilado de herramientas;

- limpieza, control y contraste de gálibos;

- precalentado de herramientas (caso de las herramientas que tratan metal líquido);

- desmontaje parcial de la herramienta anterior;

6.- <u>Revisar la concepción</u>.

- normalización de las piezas a producir;

- normalización de las dimensiones de herramientas y moldes.

Una aplicación satisfactoria del LEAN debe poner énfasis en mayor reducción de los tiempos de preparación, tanto durante como después de la puesta en práctica inicial. Esta reducción se puede conseguir de la siguiente forma:

- **Separar la preparación interna de la externa.**

- **Convertir, en la medida de lo posible, la preparación interna en externa.**

- **Eliminar el proceso de ajuste.**

- **Eliminar el propio paso de preparación.**

Separar la preparación interna de la externa significa identificar aquellas partes de la preparación que exigen que la máquina esté parada (preparación interna) y las que permiten que la máquina siga funcionando (preparación externa). Por ejemplo, se puede ajustar un accesorio con la máquina en marcha, mientras que sólo se puede colocar un nuevo accesorio cuando la máquina está parada. Estos dos elementos, la prepa-

> **La aplicación de un sistema Lean debe hacer hincapié en la reducción de los tiempos de preparación**

ración interna y la externa, deben identificarse y separarse rigurosamente. El operario sólo puede realizar la preparación interna cuando la máquina está parada, cosa que nunca ocurre con la preparación externa.

Convertir, en la medida de lo posible, la preparación interna en externa significa realizar la mayor parte de la preparación cuando la máquina está funcionando. Por ejemplo, se pueden preparar los accesorios, afilar y ajustar las herramientas, antes de parar la máquina. Realizando la mayor parte de la preparación fuera de línea las máquinas pueden permanecer en funcionamiento el mayor tiempo posible. Las cifras que aparecen con frecuencia sugieren que los ajustes ocupan un 60% del tiempo total de la preparación. En consecuencia, eliminando la necesidad de estos ajustes se puede reducir considerablemente el tiempo de preparación.

El principio básico que subyace este concepto es pasar de un ajuste continuamente variable a una pequeña cantidad de pasos discretos. Por ejemplo, la gama de ajustes que hay que realizar al fin de carrera de una taladradora pueden reducirse a una serie finita mediante el uso de escalones en el eje. Toyota ha hecho un uso externo de métodos de

> **Normalmente reducir tiempos de preparación implica poca inversión de capital**

este tipo en el curso de su implantación de la preparación de pulsación única. Eliminar el paso de preparación mismo es el concepto final de reducción de la preparación, lo cual, puede implicar dos aspectos. El primero es estandarizar las piezas para reducir la gama de productos. De este modo, cada pieza se podrá utilizar en una gran variedad de productos, reduciendo así el problema del tiempo de preparación. El segundo es fabricar las piezas necesarias al mismo tiempo, ya sea en la misma máquina o en máquinas paralelas.

Por ejemplo, si dos piezas que se montan siempre juntas para el producto final se elaboran en el mismo tipo de torno, podrán incluso fabricarse en una sola operación y luego dividirlas, o bien pueden fabricarse simultáneamente en tornos diferentes. Así no sólo se reducirá el tiempo de preparación sino que además permitirá garantizar que las piezas se fabriquen en grupos que coinciden. Se pueden utilizar varias técnicas para implantar estos cuatro conceptos:

1. Utilizando sistemas de fijación de sujeción rápida, se puede reducir considerablemente el tiempo de preparación en comparación con otros sistemas de fijación estándar como tornillos y tuercas.

2. Con ayuda mecánica como un ariete hidráulico, se puede reducir el tiempo de preparación, sobre todo para los accesorios más pesados.

3. Estandarizar la preparación en la medida de lo posible ayudará a asegurar que se convierta en una operación de rutina. Por supuesto, probablemente sólo resultará rentable hacer esto para parte de la operación.

4. Programar la preparación para que puedan llevarla a cabo dos personas simultáneamente reducirá el tiempo de preparación interna y el tiempo durante el cual la máquina está parada.

5. Acoplar los accesorios a platos estandarizados permitirá que estos platos se puedan montar rápidamente en la máquina cuando está parada.

También hay que indicar que normalmente reducir el tiempo de preparación implica muy poca inversión de capital; a veces mejoras muy simples pueden proporcionar reducciones considerables. Esto demuestra que la puesta en práctica de Lean se basa esencialmente en el uso de métodos baratos para mejorar el rendimiento.

3.5.4.- Eliminación de los riesgos aleatorios.

En un proceso en que existen riesgos aleatorios, factores incontro-lados, si es necesario tener éxito, cumplir o producir algo, resulta obligado tomar márgenes de seguridad importantes, que significan esfuerzos y gastos suplementarios, tiempo perdido y derroches. Numerosos riesgos aleatorios pueden perturbar la producción y el funcionamiento de las fábricas occidentales: la falta de piezas, los retrasos de envío de los proveedores, averías frecuentes de las máquinas, defectos de calidad en los productos fabricados. Los márgenes de seguridad toman aquí la forma de stocks elevados y de plazos amplios; los cuales se ven acompañados, como siempre, de desorden, de improductividad y de incrementos de costes.

Entre los diferentes tipos de riesgos aleatorios, sólo las averías de las máquinas y los problemas de calidad van a ser examinados en el presente trabajo.

3.5.4.1.- La fiabilidad de las maquinas. Mantenimiento.

Las averías e incidentes de la maquinaria son unas de las principales plagas de la industria; no es raro encontrarse con fábricas en que la tasa media de inmovilización del conjunto de los equipos es superior al 40%. Esta falta de disponibilidad recorta gravemente la capacidad de producción de las máquinas y, con ello, aumenta el precio de coste. Ello

> **La falta de disponibilidad explica la frecuencia elevada de averías e incidencias**

explica que los plazos de fabricación sean largos y que, sin embargo, difícilmente se respeten. Constituye un obstáculo fundamental para la rápida salida de los productos de una fábrica. La falta de disponibilidad explica la frecuencia elevada de averías e incidencias. El mantenimiento defectuoso se traduce en plazos largos de reparación y de puesta a punto. Las averías e incidencias en el funcionamiento de las máquinas puede presentar múltiples aspectos; se trata a veces de insuficiencias en la concepción de las máquinas y a menudo del modo como se utilizan.

Las máquinas complicadas: numerosos tipos de averías

Una máquina industrial es un sistema complicado, compuesto de elementos mecánicos, hidráulicos, eléctricos y electrónicos; las posibilidades de averías o incidencias son por ello múltiples. Esta diversidad de tipos de averías o incidencias hace, en ciertos casos, su diagnóstico difícil. Explica además que parezca a priori muy delicado prever las averías; por ello, tradicionalmente, los servicios de mantenimiento esperan las averías para repararlas, en lugar de preverlas y prevenirlas. Algunos tipos de averías o incidencias son:

- *Desgaste, rotura de una herramienta.*

- *Desgaste, rotura de una pieza.*

- *Desgaste, rotura de un rodamiento.*

- *Fusible fundido.*

- *Circuito electrónico fundido.*

- *Motor eléctrico fundido.*

- *Elemento eléctrico fundido o defectuoso.*

- *Nivel de aceite insuficiente; pérdidas de aceite.*

- *Proyección de agua en los detectores o contactores.*

- *Rotura de una correa.*

- *Error en el programa de control.*

-*Montoncillos de virutas que impiden el funcionamiento de un dispositivo.*

Problemas de concepción

La calidad de la concepción de los equipos progresa constantemente; sin embargo, la maquinaria que las fábricas han adquirido en el pasado y debe utilizar hoy presenta a menudo algunas insuficiencias. Ciertos mecanismos son a veces inútilmente complicados, lo que los hace frágiles. El funcionamiento de las máquinas sería más regular, más previsible si estuvieran provistas de detectores de anomalías, de indicadores, de señales o reguladores. Conviene anotar que estas insuficiencias de las máquinas raras veces requieren su sustitución por equipos más recientes. En casos muy numerosos resulta posible mejorar la maquinaria, corregir sus puntos débiles, equiparlas con dispositivos de regulación o control de su funcionamiento.

La concepción de las máquinas puede también ser responsable de la duración de algunas reparaciones, por ser los elementos difícilmente accesibles, poco modulares o requerir tiempo su sustitución.

La utilización de las máquinas

Siendo el producir el imperativo de una fábrica, las máquinas se utilizan en el mayor grado posible. Resulta por tanto difícil encontrar tiempo para su mantenimiento. Se espera simplemente que la próxima avería sobrevenga lo más tarde posible. A fin de limitar sus efectos, se aprovechan los períodos de buen funcionamiento de la maquinaria para constituir stocks. Las máquinas, en consecuencia, reciben mantenimiento insuficiente y se limpia en pocas ocasiones, de modo que en la mayoría de las fábricas se encuentran sucias, cubiertas de polvo, de grasa, de salpicaduras de aceite y de virutas; e igual sucede con su entorno inmediato.

> **La falta de limpieza produce efectos nefastos sobre la fiabilidad de las máquinas**

Esto no tiene, a primera vista, nada de alarmante: una fábrica no tiene por qué mostrar, desde luego, el nivel de limpieza de un hospital o de un laboratorio. Sin embargo, la falta de limpieza produce efectos nefastos sobre la fiabilidad de las máquinas; los residuos o el polvo amontonado, el agua o las demás impurezas pueden originar bloqueos o averías de funcionamiento. La capa de suciedad que cubre a una máquina impide ver un escape de aceite, presagio de la ulterior avería. La extremada limpieza de la mayoría de las fábricas japonesas es ciertamente una de las razones de su eficacia.

La duración de las reparaciones

Ya se ha dicho que la excesiva duración de algunas reparaciones proviene de la concepción de las máquinas, de las dificultades para acceder a los elementos defectuosos o para cambiarlos. Con mucha frecuencia, tiene que ver con un problema de organización; una avería desencadena, en efecto, una serie de acontecimientos que suele durar varias horas; a veces la inmovilización de la máquina puede durar incluso varios días. Las numerosas averías e incidencias de las máquinas, cuya reparación puede ser muy larga, constituyen una desventaja importante para una fábrica. Sería deseable poder eliminar esta desventaja sin elevar por ello los precios de coste.

QUÉ CAMINO SEGUIR

No es posible limitarse a un mantenimiento accidental orientado a reparar o a poner nuevamente en servicio los equipos cada vez que se averían. Es preciso luchar contra las causas de la falta de disponibilidad de las máquinas, y el objetivo a establecer para ello es el de intentar **disminuir en grado muy alto las averías o incidencias**. Esta acción deberá acompañarse de una reducción de los tiempos de reparación o de nueva puesta en servicio, a fin de evitar que los fallos inesperados resulten penalizadores.

Mantenimiento de máquinas y equipos

La secuencia de mantenimiento correctivo comprende las fases de:

*   * Comprobación de averías.*

* Transmisión a mantenimiento y llegada de un técnico.

* Análisis del tipo de avería.

* Aviso al técnico pertinente.

* Reposición de la pieza defectuosa tras la búsqueda de la referencia y extracción del almacén.

Esta forma de actuar no puede constituir referencia válida en procesos fuertemente dependientes y cuando se pretenden disminuir plazos. Si, en estas circunstancias, se aplicaran las técnicas Lean, eliminando los almacenes intermedios, el resto de máquinas, posteriores en la secuencia a la que ha sufrido la avería, dejarían de funcionar.

Donde tienen especial incidencia las averías es en los cuellos de botella. Los SFF son sistemas complejos y las averías o incidencias pueden tener origen en sus elementos mecánicos, hidráulicos, eléctricos, electrónicos o de control numérico. *El mantenimiento preventivo* tiene la ventaja de que puede realizarse fuera de las horas productivas. Generalmente, la periodicidad de las acciones del mantenimiento preventivo, se determina por un estudio estadístico de las averías anteriores. Pero en un entorno Lean es preciso fijar los coeficientes de seguridad, en función del papel que juega el elemento o máquina en el proceso de producción, es decir, de su interdependencia con el resto.

> *Hay que tener especial cuidado en las averías de los cuellos de botella*

La forma más reciente de mantenimiento: *el predictivo*, encaja muy bien en un ambiente de producción como el propuesto, cuya filosofía se orienta hacia la automatización, la flexibilidad, el ahorro de costes y la ausencia de inventarios. No obstante, la elección entre un tipo y otro debe ser realizada en función de las especificaciones del caso, y atendiendo al conjunto de condiciones posibles, especialmente las económicas. Pueden generalizarse al entorno LEAN acciones como:

- *Conseguir un elevado nivel de automantenimiento.*

- *Integrar elementos de diagnóstico y autoconservación en la máquina, equipo de producción o logístico.*

- *Formar y comprometer al operador, para que él mismo pueda efectuar un primer nivel de mantenimiento.*

- *Establecer una estrategia de lucha contra los problemas, basada en una clasificación y atención prioritaria a aquellos problemas, que conducen a mayores desviaciones en las metas propuestas (productividad, nivel de inventario o plazo).*

- *Mantener un cuidadoso orden y limpieza en el entorno de trabajo resulta la acción menos costosa y más eficaz para evitar problemas.*

- *Involucrar el diseño en la producción, buscando la facilidad de mantenimiento y conservación, dando carácter modular, facilidad de acceso y rapidez de montaje y desmontaje de los diferentes elementos.*

- *Facilitar las operaciones de mantenimiento, evitando usos críticos, aceleraciones, cargas excesivas o programando el mantenimiento on-line.*

- *Dedicar un esfuerzo especial a la conversión o transformación, dentro de lo posible, de la conversión on-line en off-line. El departamento de mantenimiento tiene una tarea importante en la formación de los operarios para el automantenimiento.*

Los elementos comunes, instalaciones y edificios siguen todavía dentro del área de actuación directa del mantenimiento de fábrica. Otros nuevos elementos como los equipos informáticos se deben incluir en la lista de elementos a conservar. La gestión del almacén de repuestos, la elaboración de instrucciones para el análisis, diagnóstico y posibles acciones urgentes y la programación del automantenimiento constituyen tareas que deben ser coordinadas, cuando no realizadas, por el propio departamento de mantenimiento. Al objeto de analizar mejor la actividad de mantenimiento, se establece, a continuación, una tipología de situaciones, que permite caracterizar las causas y los efectos de las incidencias y cómo se debe actuar en cada caso.

La causa más frecuente de incidencias se debe a:

- *Diseño incorrecto de la instalación y elementos logísticos.*
- *Mala puesta a punto.*
- *Condiciones precarias de utilización.*
- *Desgaste o rotura normales.*
- *Fallos o ausencia de mantenimiento.*

Se pueden englobar en tres tipos de causas:

- *Fallos del suministro.*
- *Fallos internos.*
- *Causas naturales.*

Los efectos vienen desglosados en forma de árbol en la figura 3.14. Pueden existir incidencias, sobre el número de piezas producidas, por parada o por mala producción. Esto, a su vez, depende de la frecuencia con que se producen las incidencias, de lo que dura la reparación cada vez que se produce el fallo, y de si se trata de un cuello de botella. Además de producir disminuciones en la facturación, los problemas de los equipos y elementos de producción hacen incurrir en un coste, función de los repuestos y la complejidad de la reparación.

En definitiva, se pretende hacer notar que la eficacia del mantenimiento dependerá, siempre, de que su actividad se oriente a cubrir las metas de la empresa o el taller: productividad, competitividad, rentabilidad, fiabilidad en los plazos de entrega, reducción de inventario, calidad y servicio.

No se trata de impedir la avería o el fallo, en todo momento y a cualquier precio. Antes de tomar la decisión debe realizarse un balance entre el coste derivado del fallo y el de la alternativa de mantenimiento elegida. Se trata de anteponer a la eficacia (logro de objetivos), la eficiencia (logro de objetivos con el menor coste).

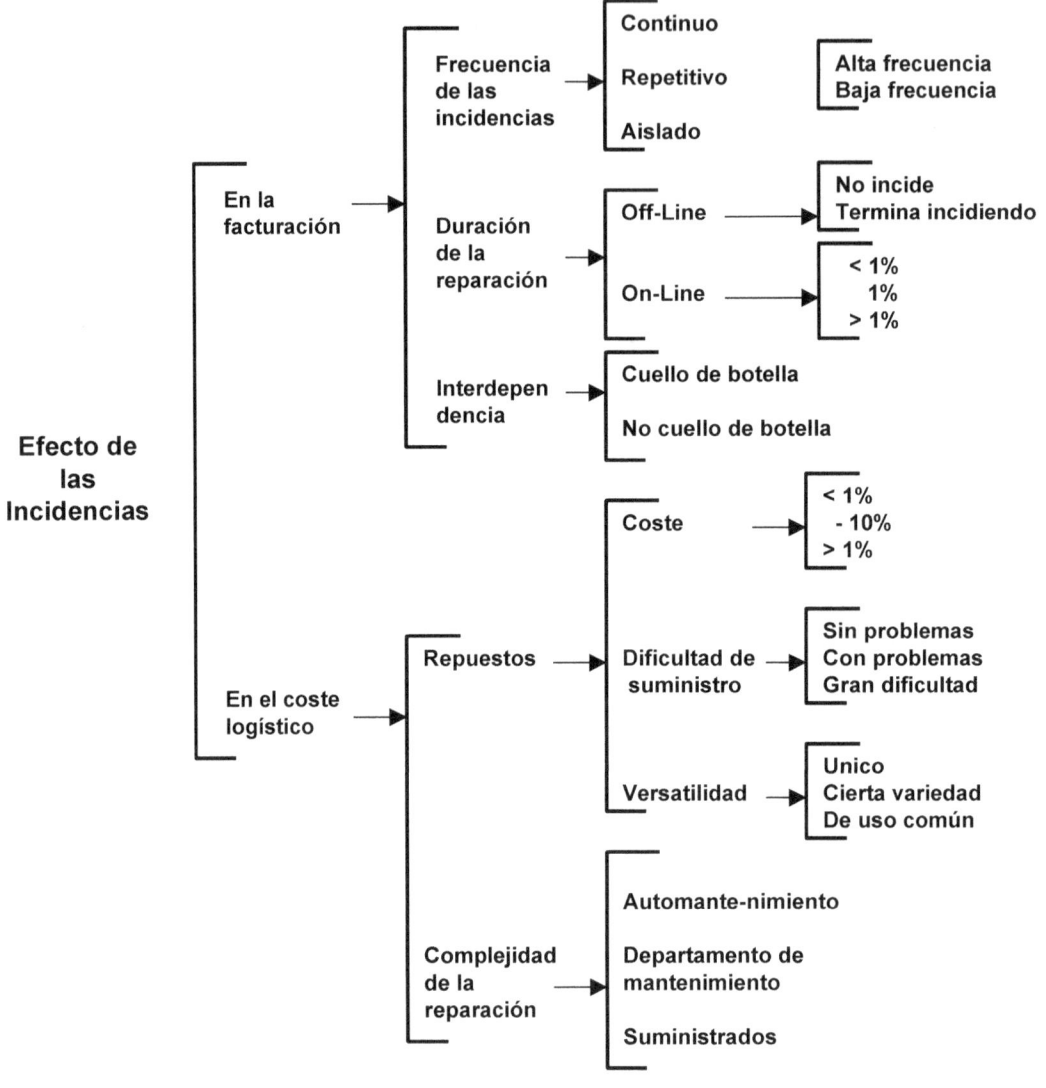

Figura 3.14.- Efecto de las incidencias en producción sobre la facturación y el coste

logístico

El camino a seguir: el Mantenimiento total

La puesta en práctica generalizada del mantenimiento preventivo se juzga a veces de efectos lentos; el mantenimiento predictivo puede necesitar un nivel de medios y de conocimientos técnicos que ciertas fábricas pueden considerar como lejano de obtener. Lo que conviene es definir acciones sencillas que permitan reducir rápidamente y en alto grado el número de averías e incidencias. El conjunto de tales acciones puede agruparse bajo el término de " Mantenimiento Total", del que el preventivo o el predictivo no representan sino dos aspectos.

Las acciones a efectuar deben inspirarse en tres ideas simples:

1. *Para reducir el número de fallos de una máquina es preciso, ante todo, saber qué le sucede.*
2. *Para mejorar la utilización y el seguimiento de la máquina, hay que implicar a su operador.*
3. *Dados los múltiples casos de averías o incidencias de máquinas, puede parecer difícil reducir rápidamente su frecuencia; basta en realidad ser lógico: hay que empezar por luchar contra los problemas principales.*

Saber lo que sucede

Lo primero que ha de hacerse es situar junto a cada una de las máquinas un cuaderno de seguimiento de su funcionamiento, a cumplimentar por el operador cada vez que sobrevienen una avería o una incidencia. El cuaderno debe contener informaciones muy simples (esencialmente, el número de veces que ocurre cada tipo de avería o de incidencia) para hacer posible un análisis posterior de los fallos.

Implicar al operador

El operador de la máquina tiene un papel muy importante que desempeñar en la consecución de la fiabilidad de su equipo y en la reducción del período de inmovilización. Debe conocer mejor su máquina, a fin de utilizarla en las mejores condiciones y no ir más allá de sus posibilidades. Debe vigilar de modo regular su buen funcionamiento y encargarse de las operaciones elementales de mantenimiento: verificación de los niveles, visores, ajustes, etc: esto le permitirá prevenir buen número de incidencias.

Un conocimiento más profundo de su máquina hará además al operador capaz de diagnosticar e incluso, en ocasiones, de arreglar por sí mismo, un fallo. Un operador formado puede, por ejemplo, cambiar un fusible, una correa, un contador, o limpiar un montón de virutas. La intervención directa del operador permite disminuir de modo muy notable los tiempos de nueva puesta en funcionamiento. Resulta por tanto necesaria una formación destinada a que los operadores conozcan sus equipos.

La experiencia muestra que existe para ello un medio de formación excelente y poco costoso, consistente en hacer efectuar a los operarios mismos, preferentemente de modo diario, la limpieza de su máquina. Si esta práctica puede sorprender, hay que precisar que viene ya aplicándose con éxito por diversas sociedades americanas y francesas.

El interés de la limpieza de la máquina por su operador

El operador debe limpiar regularmente su máquina o, como mínimo, las partes activas de ella. Es conveniente que, al mismo tiempo, verifique el estado de las principales funciones, así como el de los visores,

> *Un puesto de trabajo limpio, y agradable es apropiado para motivar y subrayar la dignidad del operario*

calibradores y otros sistemas de detección. Esta limpieza no intenta sólo habituar al operador a la técnica de sus máquinas y evitar que llame a un especialista para solucionar un problema elemental; tiene de hecho, muchas otras ventajas. En una máquina limpia y cuidada de modo regular es fácil ver si aparece un escape de aceite, si se desajusta una tuerca o si un elemento se va deteriorando. Resulta así posible prevenir algunos tipos de averías. La disminución del polvo y de la suciedad contribuye a hacer desaparecer las averías que a su vez ocasionan.

En un ambiente limpio y ordenado, se ve al instante y se recoge cualquier cosa que caiga al suelo, evitando así errores, búsquedas, pérdidas de tiempo y despilfarros; mejora siempre la seguridad de hombres y máquinas. En fin, esta práctica tiene un interés psicológico considerable.

Un puesto de trabajo agradable, limpio, repintado de modo regular es apropiado para motivar y subrayar la dignidad del operario, que se siente responsable de la máquina y de su funcionamiento y a menudo sabe ponerla de nuevo en marcha con rapidez.

Luchar prioritariamente contra los problemas más frecuente

Tras una sola semana de puesta en práctica de los cuadernos de seguimiento, resulta fácil identificar los dos o tres tipos de averías o incidencias que inmovilizan con mayor frecuencia a la máquina. Basta para ello utilizar el método muy simple del diagrama de Pareto. Una vez identificados los principales problemas de una máquina, conviene intentar resolverlos, tratando sus causas.

La resolución de los problemas de fiabilidad

El análisis de cada problema deberá concluir por identificar su causa. El camino a seguir para hacer luego más fiable la máquina podrá variar según los casos. A más largo plazo, las diferentes acciones deberán completarse mediante la intervención del personal de mantenimiento en el momento de la concepción o de la elección de los futuros equipos. Será cada vez más necesario, antes de instalar nueva maquinaria, pensar en la fiabilidad y en el mantenimiento. La facilidad de mantenimiento comprenderá en particular la de acceso a los elementos, su carácter modular, la rapidez de desmontarlos y montarlos. Deberá verse acompañada por medios que permitan la obtención rápida de piezas, así como de libros de instrucciones de mantenimiento, que contendrán consignas para el diagnóstico y la identificación de las averías, reglas de intervención urgente, esquemas de reparación y tareas de mantenimiento corriente preventivo a efectuar.

El problema de la fiabilidad no puede reducirse al tratamiento de las averías graves mediante el mantenimiento preventivo. Ha de englobar el conjunto de las averías e incidencias que concurren en la inmovilización de los equipos. La resolución del problema necesita, en consecuencia, un enfoque global dado por el mantenimiento total que se resumiría de la siguiente forma:

<u>Requisitos previos</u>:

- *Un cuaderno de seguimiento permanente por cada equipo.*
- *Limpieza de cada máquina por su operador.*

<u>El principio: la eliminación progresiva de las averías e incidencias, mediante</u>:

- *La identificación de los casos más frecuentes (Pareto).*
- *Acciones apropiadas:*
    * *Mejora de las máquinas.*
    * *Mejora de las condiciones de utilización.*
    * *Formación de los operadores.*
    * *Conservación efectuada por los operadores.*
    * *Mantenimiento preventivo.*
    * *Mantenimiento predictivo.*
    * *A más largo plazo: mantenimiento desde la concepción del producto(fiabilidad, facilidad para el mantenimiento).*

Este enfoque de mantenimiento total puede ponerse en práctica con rapidez y supone enseguida una reducción considerable de la falta de disponibilidad de las máquinas. La gestión de la fiabilidad de los equipos es un aspecto principal de la eficacia industrial; reduce los costes y facilita la rápida salida de los productos de una fábrica y será cada vez más indispensable dada la creciente automatización de los medios de producción. Desempeña, además, un importante papel en la calidad.

3.5.4.2.- Calidad.

La minimización de los stocks, de los plazos y de los costes necesita evidentemente que se gestione la calidad de la producción. Basta el buen sentido para comprender que un producto de calidad es el que no se deteriora de modo rápido en condiciones normales de utilización y conserva su capacidad de funcionamiento. Resulta igualmente fácil de comprender la aportación importante de la calidad a la competitividad de una empresa; permite satisfacer a los clientes y hacerles fieles, disminuye los costes de producción al suprimir los gastos suplementarios ocasionados por la falta de calidad, reduce los costes de garantía y de servicio postventa.

El principio fundamental de la calidad es que ésta no puede gestionarse más que mediante la eliminación progresiva de las causas de los defectos. La acción sobre las causas, combinada con la puesta a punto de dispositivos poco costosos de control automático permite mejorar la calidad reduciendo los precios de coste. Subrayar que la calidad de la producción no puede obtenerse a partir de materias primas y de productos adquiridos de carácter a veces defectuoso. Resulta por ello necesario llevar a cabo acciones relativas a los proveedores, a inscribir en el contexto global el establecimiento de nuevas relaciones entre la empresa y sus suministradores.

No nos vamos a extender en esta sección porque el problema de la calidad es bastante amplio y necesitaríamos de un trabajo de las dimensiones del presente.

3.6.- MEJORAS EN EL CONTROL

3.6.1.- Introducción.

La forma en que se controle el sistema de fabricación determinará los resultados globales de la aplicación del LEAN. Las políticas de control que se adopte (junto con las mejoras de los procesos y las relaciones proveedor/cliente) determinarán los niveles de productos en curso, los plazos de fabricación y los niveles de servicio al cliente. Mejorar el control de la fabricación constituye por tanto una parte íntegra de la puesta en práctica del entorno Lean. El principio de la búsqueda de la simplicidad proporciona la base del esfuerzo por mejorar el mecanismo de control de fabricación. En vez de un control complejo de un sistema de fabricación complejo, el Lean hace hincapié en la necesidad de un control simple para un sistema de fabricación simple.

> *El Lean hace hincapié en un control simple para una fabricación simple*

Este sistema de control simplificado gira alrededor de un sistema tipo arrastre y la utilización del control de calidad en origen. En vez de impulsar los trabajos a través de la fábrica, los sistemas tipo arrastre van arrastrando el trabajo a través de la fábrica de modo que un producto sólo avanza hasta el siguiente puesto de trabajo si hay suficiente capacidad. Hay que indicar que conceptualmente parece que los sistemas tipo empuje tienen más ventajas porque permiten una planificación detallada del futuro; pero, como en otros aspectos del control de fabricación, este razonamiento puede ser engañoso. Para una puesta en práctica real, las ventajas que ofrecen los sistemas tipo arrastre son:

1.- Simplicidad, sin la necesidad de un control informático complejo.

2.- Una vez puestos en práctica, los sistemas tipo arrastre se pueden mejorar gradualmente hasta alcanzar niveles extremadamente altos de eficiencia.

Esto no significa que los sistemas tipo arrastre sean adecuados en todos los casos. Cuando algunos grandes retrasos son inevitables (por ejemplo, en el caso del suministro de ciertas materias primas o componentes) puede ser útil un enfoque más orientado hacia la planificación como el MRP o el MRP II. Pero el objetivo debe ser siempre reducir gradualmente los tiempos ciclo largos en la medida de lo posible.

Muchos de los cambios indicados en la mejora de los procesos aumentan la probabilidad de un control con éxito. En particular, el cambio a líneas de flujo pequeñas, la reducción de los tiempos de preparación y las mejoras en la fiabilidad de las máquinas significan que han desaparecido muchas de las limitaciones impuestas al control. Las líneas de flujo pequeñas pueden actuar como fábricas semiautomatizadas y son mucho más simples de controlar que las fábricas más grandes y complejas. La reducción de los tiempos de preparación significa que no hay un tamaño de lote mínimo. Las máquinas pueden pasar de un producto a otro más fácilmente, eliminando así la necesidad de planificar las complejas interacciones entre el tiempo de preparación y las prioridades.

También es mucho más probable que las máquinas estén disponibles cuando se necesitan. Una vez eliminados muchos de los factores más complicados, podemos superponer un control simplificado de esta fábrica simplificada. En este apartado se describen los ingredientes esenciales de este control simplificado; se perfila la importancia del sistema tipo arrastre y la forma en que el control centralizado pasa a ser local. Este control local incluye el control de calidad y el uso de sistemas de arrastre /Kanban.

3.6.2.- Sistemas de control - KANBAN

Control simple

Los enfoques simples ofrecen una gran variedad de ventajas además de una gran facilidad de aplicación. Cuando se utilizan, el control general resulta más simple para el usuario. Con un sistema de control más complejo como el MRP II, cuando un supervisor saca un trabajo de su lista de prioridades y lo termina antes que otros trabajos más prioritarios, posiblemente no conoce el efecto de

> *Para el control simple se utilizan sistemas arrastre / Kanban*

esta acción. En un entorno con un control simple, como con un sistema de arrastre/Kanban, el supervisor ve en seguida la consecuencia, que suele ser la falta de trabajo para el siguiente operario; por tanto, el supervisor puede tomar sus propias decisiones de forma más eficiente y eficaz. Un sistema simple es también mucho más sólido; si hay un fallo, aunque pequeño, en la memoria del ordenador, en una unidad de disco o en el acceso a los datos, la salida de un sistema MRP no será fiable, en cambio, los sistemas tipo arrastre diseñados correctamente son muy sólidos y sólo un problema grave puede distorsionar significativamente el funcionamiento de un sistema de arrastre/Kanban.

Con estas ventajas, las causas de la tardanza en implantar estos sistemas tipo arrastre vienen dadas en primer lugar por las respon-sabilidades de las empresas occidentales tradicionalmente se han dividido en compartimentos. El control de produc-ción ha sido siempre totalmente independiente de la ingeniería de fabricación.

> *La tardanza de introducir sistemas tipo arrastre viene dada por división de las responsabilidades en compartimentos y la fe en la tecnología*

Para ser eficaces, los sistemas tipo arrastre requieren muchos cambios. Tradicionalmente, las mejoras de los procesos han sido responsabilidad de ingeniería de fabricación, que muy pocas veces trabaja estrechamente con control de producción para ejecutar los cambios necesarios. El resultado ha sido que control de producción ha aceptado como ineludible la existencia de la fábrica compleja y por tanto ha establecido sistemas de control complejos (MRP, MRP II u OPT) para controlarla. La segunda razón, y más problemática, ha sido la fe en la tecnología. Ha habido una creencia universal de que la tecnología informática (tanto hardware como software) puede perfec-cionarse hasta que sea lo suficientemente poderosa como para controlar en tiempo real la fábrica.

Sistemas de arrastre

Los sistemas de arrastre hacen lo que su nombre sugiere: arrastran el trabajo a través de la fábrica para satisfacer las demandas de los clientes.

Hay una gran variedad de formas de aplicar el concepto de un sistema de arrastre, según las características del sistema de fabricación (por ejemplo, si fabricamos para stock o sobre pedido). En general, funcionan como muestra la figura 3.15; los artículos pasan a través de la línea de flujo desde la operación número 1 hasta la 2, luego la 3 y luego la operación final 4.

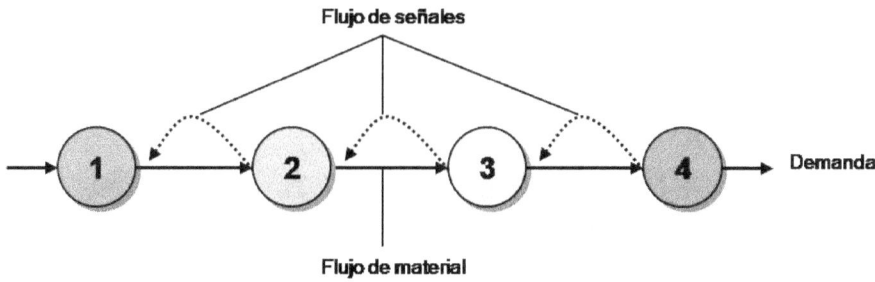

Figura 3.15.- Ejemplo funcionamiento de una sistema tipo arrastre.

Cuando hay una demanda de un artículo, se produce en la operación 4 y luego se envía. Esta demanda puede proceder de un proceso posterior o de un cliente. Cuando la operación número 4 agota los componentes debido a que se retiran los productos acabados, se envía una señal a la operación precedente; entonces, la operación 3 produce componentes para la 4; cuando empiezan a disminuir los componentes para la operación 3, envía una señal a la operación 2.

Este proceso se repite a través de todo el sistema de fabricación. Hay que tener en cuenta algunos puntos sobre los sistemas de arrastre:

- *Las máquinas/operaciones no producen ningún artículo a menos que sea necesario para la máquina/operación posterior.*

- La información de control fluye hacia atrás a través de todo el sistema de fabricación mientras que el flujo de material va en dirección opuesta.

- Los sistemas de arrastre ayudan a identificar los problemas.

El primer punto se considera especialmente importante; tiene muy poco sentido que las operaciones produzcan artículos si no se necesitan; los artículos se quedarían en la fábrica como productos en curso. En cambio, el enfoque tradicional del control de fabricación ha sido hacer funcionar todas las máquinas/operaciones a pleno rendimiento aunque las máquinas/operaciones posteriores no puedan asumir la producción resultante. Casi siempre el resultado ha sido grandes cantidades de trabajo amontonadas delante de máquinas/operaciones posteriores, aumentando los plazos de fabricación y la cantidad de productos en curso, al mismo tiempo que aumentan el desorden y la confusión en la fábrica.

El segundo punto es un factor a tener en cuenta cuando tiempos ciclo largos significan que el sistema responde lentamente a los cambios de la demanda. En este caso, puede ser ventajoso añadir un sistema MRP o MRP II.

El tercer punto sobre los sistemas de arrastre es que ayudan a identificar los problemas. Una de las características más importantes de la filosofía Lean es que

> *Los sistemas de arrastre ayudan a identificar los cuellos de botella y a solucionarlos*

debemos establecer sistemas que ayude a identificar problemas. Un ejemplo podría ser el siguiente: Supongamos que la operación 3 de la figura forma temporalmente un cuello de botella; la operación 3 no puede funcionar al ritmo de las operaciones 1 y 2, de modo que éstas permanecen paradas durante bastante tiempo; el supervisor de la línea de flujo lo detecta inmediatamente y se puede llevar a cabo una medida correctora para la operación 3. Los cuellos de botella suelen ser dinámicos y transitorios por naturaleza. Los sistemas de arrastre ayudan a identificarlos y solucionarlos rápidamente. Los sistemas tipo arrastre nos permiten reducir los tiempos ciclo y la cantidad de productos en curso. Sin embargo, hay una gran variedad de formas de llevarlos a la práctica.

Pongamos por ejemplo una empresa de tintes de tejidos del sureste de Estados Unidos que ha puesto en práctica un sistema tipo arrastre. Los lotes pasan de máquina en máquina en carretas. Frente a cada operación hay una cola de carretas llenas. Cuando una operación utiliza el contenido de una carreta, las carretas vacías se envían a la operación anterior (fig. 3.16).

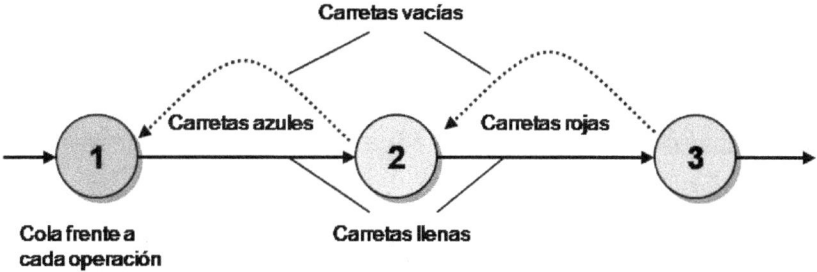

Figura 3.16.- Ejemplo de tipo de arrastre.

Esta operación anterior utiliza el contenido de su siguiente carreta de entrada, lo procesa y coloca el lote completo en las carretas vacías que se dirigen a la operación posterior. Las carretas viajan formando un bucle continuo; para evitar confusiones, todas las carretas de un bucle determinado están pintadas de un mismo color. Este sistema de arrastre funciona de tal manera que mantiene una cierta cola de reserva delante de cada máquina.

Una ventaja de los sistemas de arrastre que ya se ha indicado es que pueden reducir gradualmente la cantidad de productos en curso y los plazos de fabricación. En el ejemplo anterior se puede hacer gradualmente reduciendo la cantidad de carretas de un bucle determinado hasta que surja un problema que se soluciona, reduciendo así aún más el número de carretas.

Sistemas Kanban

Kanban en japonés significa tarjeta. En el sistema Kanban que se aplicó en Toyota se utiliza una tarjeta en vez de una carreta vacía para indicar a la máquina/operación anterior que se necesitaba más trabajo. Se pueden utilizar también otros mecanismos como redes informáticas, zumbadores o fichas. Lo que importa es que una máquina/operación reciba una señal cuando la máquina/operación siguiente necesita trabajo. La estandarización de los contenedores permitirá enviar de una operación a otra una cantidad determinada de trabajo.

El sistema Kanban de Toyota difiere del sistema de arrastre genérico que hemos descrito antes en que utiliza dos tipos de señales (que equivalen a dos tipos de tarjetas o kanban). Este sistema de dos tarjetas utiliza Kanban de retirada o transporte y kanban de producción (fig. 3.17).

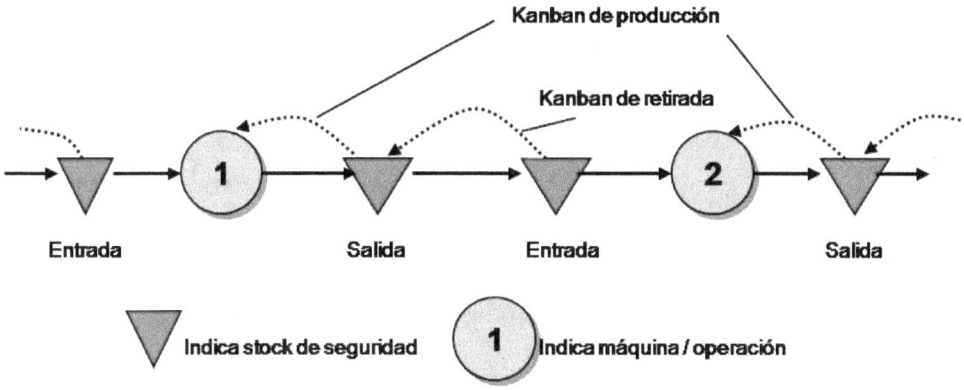

Figura 3.17.- Sistema de arrastre de dos tarjetas kanban en Toyota.

Los Kanban de retirada o transporte se utilizan cuando hay que desplazar las piezas entre los stocks de seguridad de entrada y salida, mientras que el Kanban de producción se utiliza cuando se está realizando la producción.

> **El sistema de dos tarjetas proporciona un control adicional, pero es más complejo**

La razón principal de este sistema de dos tarjetas es que Toyota utiliza un almacén para stock de seguridad de entrada y de salida, especialmente cuando los procesos son físicamente independientes, por ejemplo, en plantas diferentes. Cuando la máquina/operación 2 utiliza las piezas de su stock de seguridad de entrada, envía un Kanban de retirada o transporte al stock de seguridad de salida precedente de donde se toman las piezas y se entregan al stock de seguridad de entrada de la máquina/operación 2. Cuando disminuye el stock de seguridad de salida de la máquina/operación 1, se envía un Kanban de producción a la máquina/operación 1 que empieza entonces la fabricación, utilizando las piezas del stock de seguridad de entrada de la máquina/operación 1. Este proceso se repite hacia atrás en toda la línea de producción.

La principal ventaja que se ha atribuido a este sistema de dos tarjetas es que proporciona un control adicional. Sin embargo, la gran complejidad del sistema en comparación con el enfoque de una sola tarjeta ha hecho que relativamente

> *Cualquier sistema de arrastre empleado proporciona un mecanismo simple y claro para el control de la fábrica*

pocas empresas lo utilicen; aunque Toyota prácticamente ha obligado a la mayoría de sus proveedores adoptar un sistema de dos tarjetas.

En las empresas occidentales se utiliza con mucha frecuencia el sistema de tarjeta única. Otra variante es un sistema basado en el uso de tarjetas (u otras señales) que reaprovisionan las colas delante de las máquinas (Kanban de proceso) y otras que reaprovisionan los productos (Kanban de producto).

Sea cual sea el sistema de arrastre/Kanban que se utilice, puede proporcionar un mecanismo muy simple y claro para el control de fábrica, claro porque es de muy fácil comprensión y proporciona al empleado de la fábrica una señal de realimentación simple y visible.

Cuando los empleados de Harley Davidson supieron cuál iba a ser su nuevo sistema de manipulación de material, se rieron. Se eliminaron las cintas transportadoras y en vez de vehículos guiados automatizados y un complejo y sofisticado control informático, el nuevo sistema consistía en carretas empujadas por los propios trabajadores. Sin embargo, el resultado de la aplicación de un sistema de este tipo fue la reducción en un 75% de la cantidad de productos en curso y de los tiempos ciclo.

Relación del MRP con los sistemas de arrastre/Kanban

Cuando se han diseñado y aplicado correctamente, los sistemas de arrastre/Kanban pueden constituir un excelente mecanismo para el control de fábrica. Los resultados de las aplicaciones en condiciones reales muestran que se pueden reducir los tiempos ciclo y aumentar el nivel de calidad. Sin embargo, los sistemas de arrastre/Kanban funcionan mediante el flujo hacia atrás de la información y, como ya hemos indicado, esto puede ser una desventaja cuando los tiempos ciclo son largos. En estas circunstancias la información tarda mucho tiempo en volver. Como se indica en la figura 3.18, los tiempos ciclo para las operaciones 1,3 y 4 son de un día cada una, mientras que para la operación 2 es de 17 días. Habitualmente este sería uno de los casos en que la operación 2 se termina fuera de fábrica Lean.

> *El sistema de arrastre / kanban presenta la desventaja cuando los tiempos ciclos son muy largos*

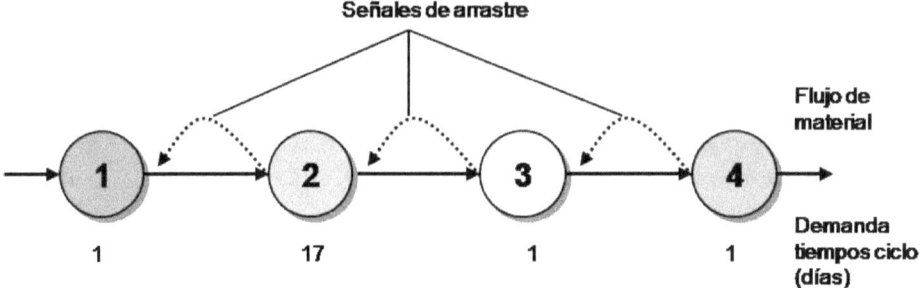

Figura 3.18.- Ejemplo de una operación con un tiempo de ciclo largo.

Bajo estas circunstancias, la información sobre la demanda tardaría más de 18 días en llegar a la operación 1 procedente de la operación 4. Queda claro que esto podría ocasionar muchos problemas si la demanda cambiara bruscamente. En estos casos hay que realizar un esfuerzo para reducir los tiempos ciclo largos, pero si resulta difícil o imposible (como en las materias primas especializadas, por ejemplo) se puede utilizar un sistema MRP para acelerar la realimentación de la información a la primera operación.

Así se muestra en la figura 3.19; el sistema MRP introduce la demanda futura y valora las necesidades de materiales y componentes.

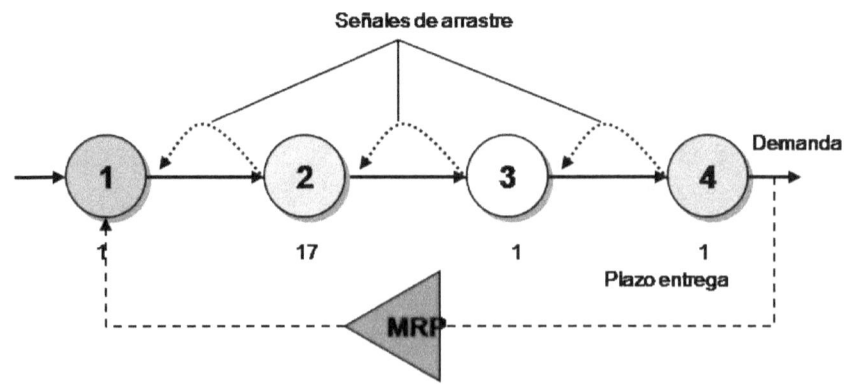

Figura 3.19.- Ejemplo de la utilización de sistemas MRP para compensar los ciclos largos.

Los resultados del sistema MRP pueden pasar directamente a las primeras operaciones de modo que estas primeras operaciones reciban una pronta notificación de los cambios de la demanda. De esta forma, información llega a la operación 1, no procede de la operación 2 sino del sistema MRP. Así, tenemos un sistema combinado de empuje/arrastre.

Otro aspecto para el que son adecuados los sistemas MRP es la coordinación. Cuando hay varios talleres, el sistema MRP puede coordinar las actividades de los talleres, garantizando la entrega de suficientes materias primas/componentes (fig. 3.20).

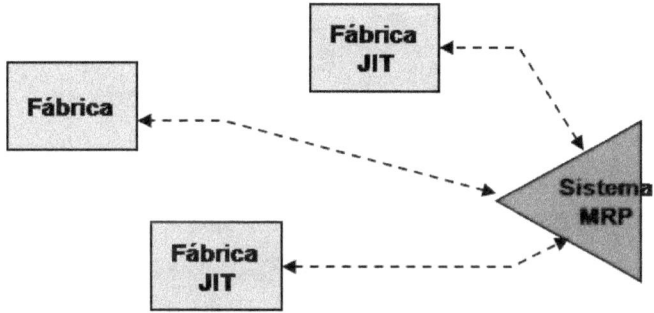

Figura 3.20.- Utilización del sistema MRP para coordinar las fábricas JIT.

En ambos ejemplos (para compensar los largos tiempos ciclo y coordinar los talleres), el sistema MRP no se utiliza en realidad para un control detallado de las actividades de los talleres, sino que se utiliza selectivamente para una coordinación global. Este aspecto de la coordinación global es el más adecuado para el MRP y las empresas que lo han utilizado con este fin han comprobado que normalmente funciona bien.

Control de fábrica y calidad en origen

Los sistemas de arrastre/Kanban constituyen un mecanismo ideal para un ataque sistemático de la cantidad de productos en curso y los plazos de fabricación. Los programas de calidad en origen pueden conseguir también grandes mejoras. Una descripción completa de este aspecto sobrepasaría el alcance del presente trabajo.

3.7. IMPLICACIÓN Y MOTIVACIÓN DEL PERSONAL

La aplicación y desarrollo de la filosofía de trabajo LEAN implica tener muy en cuenta al activo más importante del que dispone cualquier organización: su gente. Significa un cambio de actitud, con nuevos métodos de motivación y de medida de la eficacia. Sin la implicación plena del personal, no van a obtenerse ni producirse los cambios necesarios para poder dar la agilidad y rapidez de respuesta necesarios.

Hay realizar esfuerzos en implicar a todo el personal en la responsabilidad, la toma de iniciativa y la comprensión de los objetivos a alcanzar para poder conseguirlos. Pero este esfuerzo y cambio es necesario que empiece primero por los de arriba para que después se traslade al personal productivo.

Algunos conceptos básicos relacionados con el personal y el proceso de adaptación y cambio en la empresa son los siguientes:

* **Todo lo que sucede en una empresa es realizado por su personal, y por nadie más; ni si quiera los equipos más so-**

fisticados pueden operar sin la intervención de un ser humano que los programe, los ponga en marcha y los repare.

* **El personal constituye la fuente de energía que impulsa el logro de cualquier meta de la organización; sólo las personas son capaces de establecer objetivos y esforzarse para llegar a ellos.**

* **Para que la empresa cambie y se ajuste a un nuevo entorno, es indispensable que cambien las personas que trabajen en ella.**

* **Todo proceso de cambio interno, indispensable para afrontar los cambios que se producen en el entorno, implica la potenciación al máximo de las habilidades, cualidades, conocimientos y actitudes de las personas.**

* **Para lograrlo, es necesario motivar y formar el personal; no existe otra forma de conseguirlo.**

Teniendo esto en cuenta, es claro que uno de los factores clave para el diseño de las nuevas organizaciones consiste en conseguir una mayor implicación de los empleados, hay que darle mayor poder de decisión y, con ello, poder crear un clima de mayor iniciativa y creatividad.

El nuevo entorno de trabajo

Para aplicar la filosofía LEAN en una organización es necesario crear equipos formados y polivalentes que se hagan cargo de su entorno de trabajo. La atención debe situarse en vez de "en una persona" relacionada con "un puesto de trabajo", en un "equipo de personas" relacionadas con un "conjunto de puestos" que configuran el área natural de trabajo como el ámbito formado por un conjunto de tareas y funciones que constituyen un todo homogéneo y coherente con entidad propia. Una vez delimitada el área de trabajo con sus funciones y puestos de trabajo, se le encomienda a un equipo de trabajo la responsabilidad de dichas funciones.

Con este nuevo enfoque, lo que se intenta es darle a la persona mayor campo de actuación que sobrepasa los límites del puesto de trabajo. De esta manera se coloca a la persona, la única que puede ser de verdad capaz, creativa y flexible, en el centro de la actividad de la empresa, desplazando al puesto de trabajo.

La revalorización de la persona como el elemento calve de la empresa, capaz de pensar, aportar nuevas ideas, etc., tiene que ser el auténtico soporte de todas las acciones que se lleven a la práctica.

La nueva actitud de la dirección

Esta nueva actitud toma la forma de desempeñar un papel motor en el cambio, dar la formación adecuada a los empleados y ayudarles en lo que necesiten.

Esto es la pirámide invertida; centrarse en la necesidad de satisfacer las exigencias de los clientes supone elevar la importancia de aquellos que estén más capacitados para satisfacer esas exigencias. Un enfoque más centrado en el cliente lleva a un estilo de dirección más práctico para capacitar a los empleados con el fin de que respondan mejora a las necesidades del cliente.

4

CONCLUSIONES

Las acciones que se han mostrado en este libro se derivan de una lógica común: la simplificación y la gestión de las fábricas. Cada una de las acciones puede de hecho contemplarse con independencia de las demás y aportar beneficios importantes.

- Así, la revisión de la **distribución en planta** de las fábricas origina por sí sola mejoras sensibles de productividad, permite ligar entre sí más fácilmente las operaciones de producción y se traduce en una fuerte disminución de los plazos.

- Un programa de **reducción de los tiempos de cambio** de herramientas permite liberarse de las restricciones de la fabricación por lotes, reducir los niveles de stocks y conferir una mayor flexibilidad al aparato productivo.

- Una mayor **fiabilidad de las máquinas** no puede sino aumentar las capacidades de producción y disminuir las necesidades de stocks de seguridad.

- La **gestión de la calidad** evita sobrecostes, derroches, falta de productividad así como insatisfacción de los clientes.

- Un mejor **servicio de los proveedores** produce un impacto importante sobre la calidad, la productividad y los niveles de almacén de materias primas.

- **Darle al personal el valor** que se merece es la piedra angular para poder articular los cambios necesarios.

No obstante, estas acciones diferentes son evidentemente complementarias. La disposición de las máquinas en células o la puesta en línea no producen efecto pleno más que con cambios rápidos de herramientas y buena fiabilidad de los equipos. Calidad de la producción y fiabilidad de las máquinas son dos aspectos muy ligados entre sí. La gestión de la calidad es inconcebible sin un compromiso por parte de los proveedores.

> *Actualmente hay que apostar por una capacidad de reacción inmediata para hacer frente a los continuos cambios del entorno*

Es, en consecuencia, la conjugación de estas acciones la que ofrece los mejores resultados. Su efecto acumulado se traduce en una mejor organización, una agilidad y una capacidad de reacción acrecentada, una fuerte reducción de los stocks y de los plazos, una mejor productividad y una sensible reducción de los costes.

La rapidez de los cambios exteriores induce aumentos en la velocidad de los interiores, sean cambios de herramientas, de formato, de elementos y equipos averiados, u otros. El tiempo de respuesta en la organización del taller ha pasado a ser el parámetro excelente y eso equivale a revisar continuamente los procesos logísticos buscando la simplificación, automatización y flexibilización del flujo de recursos. No sólo ha de superarse la logística correctiva y preventiva, sino incluso la predictiva.

En un ambiente de producción como el actual, en que el cambio se presenta de forma tan impredecible y frecuente, no es posible limitarse a efectuar previsiones, se hace imprescindible poseer una capacidad de reacción casi inmediata ante las más variadas situaciones. Parece necesario, por tanto, una logística de respuesta rápida (LRR) en que se han adecuado recursos (materiales y humanos), y acostumbrado a trabajar en condiciones de incertidumbre, superando, dado el caso, las previsiones y programas.

Cada vez se relega más el aspecto de los gastos fijos, y gana importancia la posibilidad de alteración rápida de los factores variables. Se debería entonces orientar la empresa hacia inversiones flexibles, que no comprometan una capacidad que impida esa variación rápida de los factores variables, complementándolas con una adaptación o aprendizaje de los recursos fijos para aceptarla.

5
BIBLIOGRAFIA DE REFERENCIA

1.-" **Elementos de la Logística Industrial**".

    Dr.D.Javier Conde Collado

    Programa de Enseñanza Abierta a Distancia

2.- " **Logística. Unidad Didáctica III**".

    Dr.D.Javier Conde Collado

    Programa de Enseñanza Abierta a Distancia

3.- " **La Fábrica Flexible**".

    Rafael Ferré Masip

4.- " **En busca de la Excelencia Industrial**".

    Pierre Béranger

5.- " **JUST-IN-TIME** ".

    P.J.O'Grady

6.- "**Las Compras y la Gestión de Materiales**".

    M.J. Santandreu Capdevila

7.- "**Logística Empresarial. Control y Planificación**".

    R.H. Ballou

8.- "**Dirección de la Distribución Física**".

    D.J. Bowersox

9.- "**Compra y Administración de Materiales**".

    G.J. Zenz

10.-"**La Persona y el Trabajo en la Empresa del siglo XXI**"

    S. Gómez

11.- "**La Paletización en el Sistema Distributivo**".

    J. Farran

12. "**Logística Empresarial**".

    E.A. Arbones

ACERCA DEL AUTOR

Dr. Ingeniero Superior Industrial en Organización y Gestión de Empresas, con una larga trayectoria en el desarrollo, optimización y gestión del cambio en las organizaciones.

Actualmente está enfocado en dos grandes áreas: la primera dedicada al desarrollo organizativo y empresarial a través de la página:

www.franciscoandres.com, en la que se abordan proyectos y trabajos con el fin de ayudar a las empresas y organizaciones de todo tipo a su reanimación, optimización de recursos y gestión del cambio.

La otra área está dedicada al desarrollo personal y profesional a través de la página:

www.laclaveerestu.com, en la que se tratan de todos aquellos temas que pueden ayudar a las personas a mejorar sus vidas, a su desarrollo personal y profesional.

Para todas aquellas personas que deseen enviarme sus comentarios pueden hacerlo a francisco@franciscoandres.com; estaré encantado de recibirlos.

Francisco Andrés